知識ゼロからの

Yearning for the Railways

憧れの鉄道入門

鉄道写真家
櫻井寛

幻冬舎

しまう確率はすこぶる高い。列車が発車するまでの数分間は、泥棒さんにとって稼ぎ時なのだ。それさえ気を付ければ、笑顔で鉄道旅行が楽しめるというもの。

本書には、私がこれまでに実際に乗車した世界の鉄道101列車が収録されている。心ゆくまで、ご堪能ください。それでは、出発進行！

『知識ゼロからの憧れの鉄道入門』車掌長 **櫻井 寛**

●主要参考文献

『図説世界の鉄道』O.S.ノック監修（平凡社）／『世界の鉄道』ユージン・フォーダー編（集英社）／『鉄道ギネスブック』和久田康雄監修（イカロス出版）／『オリエント急行』窪田太郎他著（新潮社）／『ヨーロッパアルプス鉄道の旅』長真弓著（講談社）／『海外保存鉄道』白川淳著（JTBパブリッシング）／『世界の駅』三浦幹男・杉江弘著（JTBパブリッシング）／『世界の高速列車』三浦幹男・秋山芳弘著（ダイヤモンド・ビッグ社）／『ヨーロッパ鉄道の旅』（ダイヤモンド・ビッグ社）／『イギリス鉄道の旅』（ダイヤモンド・ビッグ社）／『スイス鉄道の旅』（ダイヤモンド・ビッグ社）／『北米大陸鉄道の旅』（ダイヤモンド・ビッグ社）／『ヨーロッパ鉄道時刻表』（ダイヤモンド・ビッグ社）／『新幹線と世界の高速鉄道』(社)海外鉄道技術協力協会編（ダイヤモンド社）／『最新 世界の鉄道』(社)海外鉄道技術協力協会編（ぎょうせい）／『世界の地下鉄』(社)日本地下鉄協会編（ぎょうせい）／『オセアニア鉄道旅行』（イカロス出版）／『ヨーロッパ鉄道旅行2015』（イカロス出版）／『地球紀行 世界豪華列車の旅』櫻井寛編著（小学館）／『世界鉄道の旅』櫻井寛編著（小学館）／『オリエント急行の旅』櫻井寛著（世界文化社）／『いますぐ乗りたい！「世界名列車」の旅』櫻井寛著（新潮社）／『世界の絶景鉄道に行こう』櫻井寛著（学研パブリッシング）／『人気鉄道でめぐる世界遺産』櫻井寛著（PHP研究所）／『ななつ星in九州の旅』（日経BP社）

●取材協力

ベルモンド・ベニス・シンプロン・オリエント・エクスプレス
www.belmond.com/ja/venice-simplon-orient-express/
レイルヨーロッパ　http://www.raileurope-japan.com/
ユーレイルグループ　http://www.eurailgroup.org/
VIAレールカナダ　http://wcs.ne.jp/via/
フランス観光開発機構
http://jp.rendezvousenfrance.com/
スイス政府観光局　http://www.myswiss.jp/
オランダ政府観光局　http://www.holland.com/jp/
ベルギー・フランダース政府観光局
http://www.visitflanders.jp/
英国政府観光庁　http://www.visitbritain.com/
ドイツ観光局　http://www.germany.travel/jp/
オーストリア政府観光局　http://www.austria.info/jp/
イタリア政府観光局　http://visitaly.jp/
フィンランド政府観光局　http://www.visitfinland.com/ja/
ラトビア政府観光局　http://www.latvia.travel/ja/
北ノルウェー観光局　http://www.nordnorge.com/en/
オーストラリア政府観光局　http://www.australia.jp/
カナダ観光局　http://jp-keepexploring.canada.travel/
アラスカ観光協会　http://www.travelalaska.jp/
コロラド州政府観光局 http://www.visitcolorado.jp/
ペルー政府観光庁 http://www.peru.travel/jp/

第4章

アメリカ編

55

「パナマ運河鉄道」パナマ

第5章

オセアニア編

75

第6章

ヨーロッパ編

「ホールン・メデンブリック鉄道」オランダ

第7章 まだまだある憧れの鉄道

「メックレンブルク(モリー)鉄道」ドイツ

第1章

日本が誇る世界一の豪華列車「ななつ星」

阿蘇外輪山を望む。

夜明け前の阿蘇駅。

CRUISE TRAIN SEVEN STARS IN KYUSHU

まさに夢の豪華列車
「ななつ星」快走！

日本が誇る世界一の豪華列車 ななつ星

幸運にも手にすることができた 夢の乗車券

２０１４年は、私にとってすこぶる幸福な幕開きとなった。

前年の10月15日に運行が始まるやいなや、うなぎ上りの大人気で、果たしていつ乗れることやらと諦めムードだった「ななつ星」に、それも２０１４年の第1便である1月4～5日、「博多～長崎～阿蘇～由布院～博多」１泊２日コースの乗車が叶ったからである。

乗車に至るまでの経緯を簡単にお話ししよう。まず、私自身は、ＪＲ九州による一般公募は2回、全日空のツアー募集は1回、つまり3回連続で落選していた。ところが師走も近い11月25日、私が所属する「日本旅行作家協会」の創立40周年記念パーティーが、東京目黒の雅叙園で開催された。その席で、岡山に住むカメラマンの河田雅史氏から、声をかけられたのだ。河田氏も私も、日本旅行作家協会では鉄道研究会のメンバーで、一緒に「ＶＩＡレールカナダ」などの海外研修旅行に参加した仲である。顔を合わせた瞬間の会話は、

「ななつ星、当たった？」（櫻井）

「ななつ星、当たった！」（河田）

であった。まさに敗者と勝者の顔合わせだったのだ。ところが河田氏からは、もしかすると、一緒に行く予定の家族の都合が悪くなるかも知れない、とのこと。間髪を容れずに、「乗ります、乗ります！」と、二つ返事でＯＫしたことは、いうまでもない。

ちなみに、「ななつ星」は申し込み受付時に、

総工費約30億円をかけた車両は機関車を含め8両・14室。定員30名の旅となる。

参加者全員の名前を登録する。同行者が事情により交代する場合に限って、名義変更手数料1万円で変更が可能だが、2名とも変更の場合は、ネットなどでの転売を防ぐためもありキャンセル扱いとなる。したがって私は、1泊2日コースの1人分の料金15万円（現在は18万円）プラス1万円の16万円を支払い、「ななつ星」のプラチナチケットを手に入れたのである。

ところが、乗車案内は届いても、その中にチケットは入っていなかった。意外なことだが、「ななつ星」のチケット、いわゆる乗車券は、存在しないのである（※乗車券はないが、乗車後に記念乗車証が送られてくる）。

古代漆色の車体に輝く金のエンブレム。外装には、随所に金属装飾が施されている。

我々が利用したスイートルームの402号室。床、壁、家具はサクラ材。

いざ、「ななつ星」車内へ！
旅の始まり

1月4日（土）の8時30分、博多駅3階の「ななつ星」専用ラウンジ「金星」にて、河田さんと合流し、「フランス菓子16区」のウエルカムスイーツを賞味しつつ、クルーの挨拶、続いてスタッフの見送りを受け、レッドカーペットを踏みしめて博多駅5番線ホームへ。9時29分、南福岡方面よりDE10形ディーゼル機関車を先頭に「ななつ星」が入線する。きらびやかな「ななつ星」に対してDE10には何の装飾もない。黒子とはいえ気の毒なDE10である。

記念撮影の後、いよいよ車内へ。昨年9月13日、小倉総合車両センターでの報道発表の際、一度は立ち入った車内だが、乗客として乗る気分は格別なものがある。営業前の車両は、いわばマンションのショールームのようなもので血が通っていなかったが、今は「ななつ星」という名の血液が脈々と流れているのを感じた。

我々の個室は7両編成の真ん中に位置する4号車の「スイート402号室」。4号車には401号から403号まで三つのスイートルームが並んでいる。その中でも車両の中央に位置し、最も乗り心地の良い402号室を選択したのは河田さんである。奇《く》しくも「ななつ星」の全7両編成の中央に位置する寝台個室が、我々の402号室というわけだ。

黒の制服も凛々《りり》しいクルーに誘《いざな》われ402号室へ。ガラスの引き戸を開けると、サクラ材による明るい内装のスイートルームが現れた。1泊2日の走る我が家である。クルーよりエアコン、呼び鈴、シャワーなどの使用説明を受ける。

続いてクローゼットを開いてみれば、タキシードの入った私のスーツケースは既にセットされていた。数日前に「クルーズトレインツアーデスク」より送られてきた無料宅配便に託したスーツケースである。したがって、手ぶらで乗車可能というわけだ。

「間もなく発車致します！」というクルーの声に最後尾の1号車ラウンジカーへ。盛大な見送りの中、「ななつ星」は博多駅を発車した。

人間国宝、第十四代酒井田柿右衛門の有田焼が使用された洗面鉢。

透かし模様が美しいガラス扉。各室のインテリアが鑑賞できる。

豪華列車の乗り心地は？
博多から長崎へ

博多駅を発車した「ななつ星」は、一路、鹿児島本線を南下する。その時点での私の最大の関心事は乗り心地にあった。これまでに、オリエント急行、E&O、ザ・ブルートレイン、ロボスレイル、デカン・オデッセイなど世界の豪華列車を経験しているだけに、「ななつ星」の乗り心地には興味津々だ。結論は、鹿児島本線では合格！　豪華列車ならではの、滑るようなスムーズな乗り心地に私は安堵《あんど》した。これなら、標準軌*の国の欧米人も満足するはずだ。

ところが、鳥栖駅より長崎本線に入ると多少揺れが大きくなった。線路が単線になりカーブが増えたからだ。インフラストラクチャーの問題なので致し方ないところだが、とりわけ改善すべきと思ったのは、停車中の乗り心地だった。長崎本線では振り子式の885系「白いかもめ」がハイスピードで駆け抜けるため、カーブには大きなカント（線路の傾き）が施されている。

*標準軌（ひょうじゅんき）　2本のレール内側の幅が1435㎜であるもの。世界の鉄道の約 60%で用いられている。

カーブ上にある駅で特急待避があると、「ななつ星」は傾いたまま停車せざるを得ないのだ。現にテーブル上の箸などが滑り落ちそうになった。列車ダイヤを改めるなどの配慮が必要と感じられた。

S字カーブを走る。左側には有明海が広がる。

1号車は展望ラウンジカー。夜間は深夜0時までバーになる。

多数の絵画や装飾品が飾られた通路。レストランに行くまでも楽しめる。

旅の楽しみの一つ
「ななつ星」の口福ランチ

12時ちょうど、肥前浜駅を発車したところで最初の食事、ランチが始まる。ランチのメニューは、前菜に、めひかりの南蛮漬け、野々庵豆腐、佐賀牛ローストビーフ、唐墨《からすみ》大根、丸十栂尾《まるじゅうとがのお》煮、馬肉燻製《くんせい》、椎茸と春菊のおひたし。お造りは、ふく薄造り。碗《わん》替わりにJR九州ブランド「うちのたまご」を使用した茶碗蒸し。焼物は、鰆《さわら》の味噌柚庵焼き、酢の物は、博多名物のおきゅうと*とワイン漬け明太子。止椀にあおさの味噌汁、という九州各地の美味満載で、それはもう眼福にして口福な内容だったが、これから乗車されるお客様の楽しみを奪わないようにというJR九州の配慮により、写真はご覧いただけないことをご了承いただきたい。

抹茶と甘味のデザートを終えるころ、「ななつ星」は長崎市内へと入り、14時15分、長崎駅3番線ホームに到着した。

長崎駅長に迎えられ、駅構内のかもめ広場にて歓迎の「龍踊《じゃおど》り」が披露される。博多を発《た》って以来、初の下車。駅長に迎えられ「ななつ星」専用のゲートから外に出るので乗車券はいらないというわけだが、ちょっと忘れ物をとりに戻るケースもあることだろう。やはり乗車券に相当する切符があるほうが安心ではある。

＊おきゅうと　江戸時代から博多で親しまれた食材。おきゅうと草（海藻）を水煮し、薄く流し固めたもの。

ランチのデザートが出されるころ、右側の車窓には大村湾が広がる。

大人の空間に相応《ふさわ》しいドレスコードが、ディナーを演出。

2号車ダイニングカーのセミコンパートメント。

龍踊り鑑賞後は、17時58分に長崎駅を発車するまでの約3時間、三つのプランが用意されている。孔子廟やグラバー園などを観光する「長崎オリジナルさるく」、列車内にて「ティターム」、そして「長崎市内自由散策」である。どれも魅力的だが我々は「ティターム」を選択した。大迫淳英氏のヴァイオリンの調べを鑑賞しながら「エディション・コウジシモムラ」プロデュースの、ななつ星特製九州プリン、日向夏のクグロフ、いちごのシュトーレン、ポルボローネを満喫した。列車はその間、行きは長与、帰りは現川《うつつがわ》経由で長崎～諫早間を一往復した。

ドレスアップして楽しみたい フルコースディナー

17時58分、夜の帳《とばり》に包まれた長崎駅を「ななつ星」は発車した。18時半から始まるディナーのドレスコードはセミフォーマルだが、我々二人は「ななつ星」に敬意を表しタキシードで決める。わざわざディナーのためにタキシード持参は面倒臭いというご意見もあろうが、そのための「スーツケース無料宅配」サービスでもある。大いにお洒落も楽しもうではないか。ちなみに博多到着時も、スーツケースは室内に残しておけば、自宅まで宅配してもらえる。

ディナーの席は2号車ダイニングカー「ジュピター（木星）」のセミコンパートメントである。メニューは、まずスターターに、野母崎産伊勢海老と橘湾産車海老の菜園家風、生カラスミのキャビア添え。魚料理は、五島産黒鮑《あわび》のステーキと甘鯛のポアレ、ブールノワゼットソース。肉料理は、長崎和牛「出島ばらいろ」のグリル、愛野馬鈴薯とカリフラワー。食後は、フランス産チーズ盛り合わせ、チョコレートのガニーにバニラアイスとラズベリーのシャーベットと続く、充実のフルコースだった。

ディナー後は1号車「ブルームーン」に座を移しバータイムを楽しむ。22時37分、神埼駅に停車しホームより「吉野ヶ里遺跡」のライトアップを鑑賞する。「ななつ星」の運行日のみのサービス照明である。

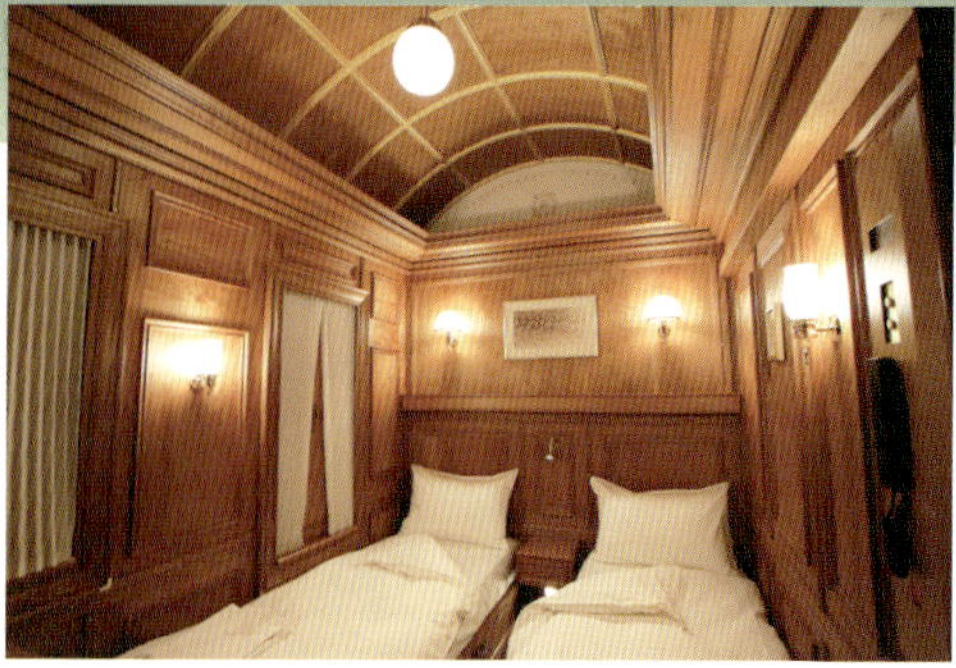

食事中にベッドメイキングが施
され、ソファーがベッドに変身。

深夜0時、バータイムも終了となり、我が家402号室へと戻る。檜《ひのき》の香も清々《すがすが》しいシャワー室にて汗を流し、ベッドに潜り込んだ。隣のベッドでは河田さんが心地よさそうな寝息を立てていたが、私は興奮のあまりなかなか寝入ることができない。そこで横になったまま、ベッドサイドのカーテンを開けてみれば、頭上には満天の星が広がった。「ななつ星」のデザイナー、水戸岡鋭治氏プレゼンツ、寝ながら景色が楽しめる窓である。それを見た瞬間、私はますます眠ることができなくなってしまった。

　そこで1号車ラウンジカーにUターン。最後尾の大きな展望窓を独占し、4時2分着の熊本駅、5時3分発の立野スイッチバック、そして5時33分阿蘇駅到着まで、鹿児島本線と豊肥本線の車窓を堪能した。ところで、1号車ラウンジカーの車両形式*は、「マイ77」である。だが、この大きな窓ガラスは明らかに展望車だ。したがって「マイテ77」が相応しいのではと思う。さらに先頭に立つディーゼル機関車「DF200」も、できることなら「DF77」と、7で統一して欲しかった。

*車両形式　動力装置の有無、用途、設備、重量などによる分類記号。「マ」は重量、「イ」は客車の中でも最上級の等級、「テ」は展望車を指す。

　阿蘇駅では約3時間停車し、その間に、早朝ウォーキングと「ななつ星」のためにオープンしたプラットホーム横のレストラン「火星」での朝食が用意されている。朝採れ野菜の瑞々《みずみず》しくて美味《おい》しいこと。

暮れ泥《なず》む由布院駅に停車中。ダイニングカーでは
間もなくディナータイム。

夜明け前、停車中の阿蘇駅で
窓の清掃をするクルー。

阿蘇の大自然と由布院の街並みを、心ゆくまで堪能

2日目の阿蘇駅から由布院駅へは、二つのプランが用意されていた。専用バスによる観光プランと、列車滞在プランである。1分でも長く「ななつ星」に乗っていたい私としては、もちろん列車滞在だが、観光も魅力的だ。その内容をご紹介しよう。

観光プランは、9時に「ななつ星」専用バスで阿蘇駅を出発し、阿蘇神社に参拝後、阿蘇外輪山の大観峰を経由し、南由布へ。由布院の老舗《しにせ》旅館、玉の湯にて昼食後、由布院駅に至る5時間のツアーである。

一方、列車滞在プランは、8時50分に阿蘇駅を発車し、JR九州で標高の一番高い波野駅(754m)を通過、豊後竹田経由で一路大分駅へと向かう。

豊肥本線は2012年7月の豪雨によって大きな被害を被り不通を余儀なくされている。宮地～豊後竹田間が復旧したのは2013年8月だった。この区間を通過中、私は1号車ラウンジカーにて災害現場を展望窓より見学したのだが、復旧区間と在来区間

JR九州の屋根、豊肥本線の波野駅
(754m)付近を通過する。

『荒城の月』のメロディーに送られて滝廉太郎ゆかりの豊後竹田駅を発車。

との乗り心地の差違が分かった。復旧区間は滑るかのようだが、在来区間は小刻みな上下動が感じられた。長崎本線で気になったカーブ駅でのカントは、豊肥本線、久大本線では、長崎本線よりも速度が遅いためか、まったく気にならなかった。

大分駅では、進行方向が変わるため、機関車の付け替え作業が行われ、11時49分に発車。進路を豊肥本線から久大本線に向ける。連結及び発車時の引き出しだが、連結器に遊間がある以上、少なからずショックがあることは否めない。この点は、ヨーロッパのバッファー式連結器のスムーズさには及ばない。

最後の食事と最高のひと時そしてフィナーレへ

正午からはランチタイム。メニューは「おべんとうのくに」と題した三段重で、一の段は、真鯛の龍皮昆布押し、鶏ももほうじ茶煮、わかめ入り卵豆腐、しいたけの裏白、野菜炊き合わせ、旬の奉書包み、大和芋の黄味酢みょうが巻き。二の段は、牛タン味噌煮、しいたけのテリーヌ、野菜のキッシュ、ポテトクレープサラダ、白ねぎのマリネ、うずら卵セロリのピクルス。三の段は、星いなり、赤飯サンド、麦ごはん、つけもの。それに、けん

由布院駅を発車し玖珠川鉄橋を越えるころには、旅もフィナーレに。

日向灘に昇る朝日を浴びて走る「ななつ星」。
ノスタルジックな雰囲気が似合う。

ちん汁という豪華な最後の食事となった。

ちょうどランチが終わった12時51分、由布院駅に到着。由布院駅では1時間55分、最後の長時間停車となる。

やがて、阿蘇駅からの観光プラン組が合流し、14時46分、「ななつ星」は由布院駅を発車した。15時からは最後のアフタヌーンティーが1号車「ブルームーン」にて供される。

続いて16時から、フェアウェルパーティーが始まった。それまでオープンだった展望窓にはスクリーンが降ろされ、博多駅を発車以来のスナップ写真が映し出された。つい昨日のことがもう懐かしい光景となっている。それを見た瞬間、いいようのない感動に包まれ、がらにもなくセンチメンタルな気分に陥った。

やがて、17時31分、終着駅博多に滑り込んだ。「ななつ星」から降りることが、名残惜しくてならなかった。できることなら、このまま基地のある大分まで便乗させて欲しいとさえ思った。これほど名残惜しい列車はちょっとない。次は、いつ乗れるのだろう？


優雅で美しい由布岳を背景に走る「ななつ星」。

column

祝！「世界一の超豪華寝台列車」誕生

「寝台車、のぞくまいぞえ、目が腫れる」とは、明治33（1900）年に日本で最初の寝台車が山陽鉄道に登場した際の川柳だが、当時は3等（庶民）、2等（贅沢《ぜいたく》）、1等（御大尽）と、3等級あった時代の最上級1等車のさらに上、1等寝台車。まさに雲上人の乗り物だったことが、この川柳からもうかがえる。

それから1世紀以上の歳月を経て、2013年に誕生したのが、JR九州の「ななつ星 in 九州」であった。その豪華さは、前ページまでのグラビア写真で十分ご堪能いただけたと思われるが、では、世界の豪華寝台列車と比較すると、ニッポン代表「ななつ星」はいかがなものであろうか？

いささか自慢話のようにとられてしまいそうだが、筆者は「ななつ星」乗車以前に、世界の名だたる豪華寝台列車に乗車してきた。ヨーロッパの「オリエント急行」、イギリスの「ロイヤル・スコッツマン」、南アフリカの「ザ・ブルートレイン」と「ロボスレイル」、インドの「デカン・オデッセイ」、マレー半島の「E＆O」などである。したがって実体験に基づく、客観的な比較ができるものと自負している。

結論から先にいおう。まず乗り心地では「ザ・ブルートレイン」が秀逸だった。あたかも滑るかのようなスムーズな乗り心地だ。「ななつ星」も善戦しているが、インフラストラクチャーの差違は大きい。続いて、内装の豪華さだが、歴史的という点では、1920年代のオリジナル車両ということで「オリエント急行」と「ロボスレイル」に軍配が上がるが、近代的な豪華さでは「ななつ星」である。食事の豪華さでも、フレンチと和食とミシュラン二つ星のデザートが味わえる「ななつ星」が最高級。唯一、歴史という点では、「オリエント急行」などに敵わないと思いきや、「ななつ星」の車内を飾る柿右衛門は400年に垂《なんな》んとする歴史に彩られている。「ななつ星」は生まれながらにして日本の歴史と文化を纏《まと》った豪華寝台列車、いや超豪華寝台列車といえよう。

第2章

アジア編

台湾高鐵700T型

ダージリン・ヒマラヤ鉄道

ASIA

標高5072m！
世界最高所を走る鉄道

中国　青蔵《せいぞう》鉄道

標高5068m、世界一高いタングラ駅。

DATA

■鉄道名／青蔵鉄道
■運行区間／西寧～ラサの1956km
■所要時間／25時間30分
■その他／中国の長距離列車には食堂車が不可欠。朝食はお粥定食、夕食はコース、昼食はお弁当がある。

富士山（標高３７７６ｍ）より高い、標高５０７２ｍの高地を走る鉄道が中国の「青蔵《せいぞう》鉄道」である。２００６年に全線開業した新鉄道だが、青海省の省都西寧《せいねい》と西蔵《せいぞう》自治区の都ラサを結ぶことから青蔵鉄道と命名された。全長は約２０００㎞、所要時間は25時間半なので車中1泊2日の行程だ。寝台列車は日本では珍しくなっただけに興味津々だったが、乗車前に少々不安になった。なぜなら、５０００ｍを超える標高は

食堂車の朝食はお粥と肉まん。

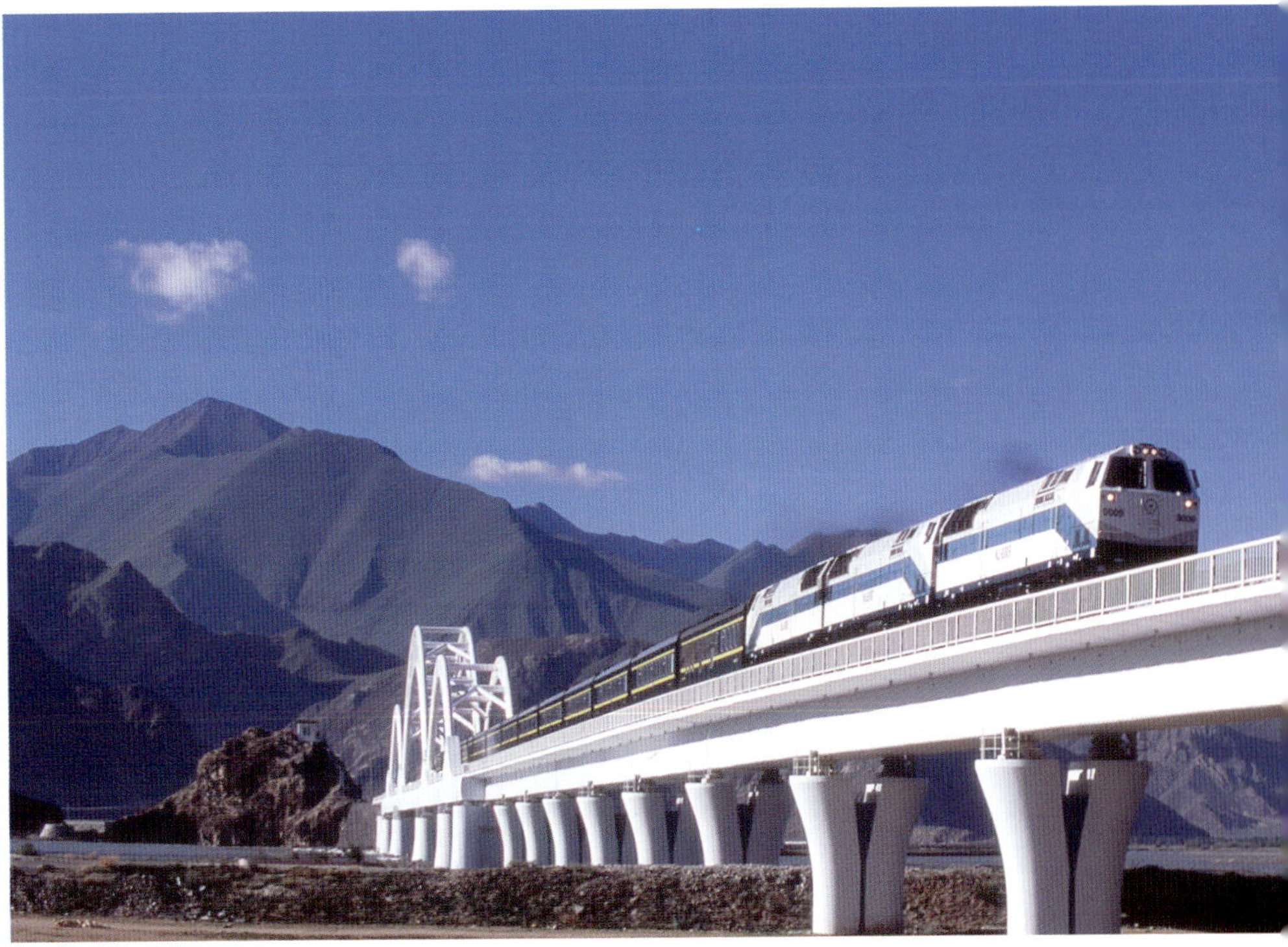

ディーゼル機関車に牽引されラサ川鉄橋を渡る特快T224列車重慶行き。

生まれて初めてのこと。列車内で息苦しくならないかという不安である。

ところが、実際に乗ってみれば、車両は航空機の技術を用い自動的に酸素が供給され、寝台車の枕元や各座席には酸素の吹き出し口がある。これなら大丈夫だ。

しかしながら、標高5000mの車窓風景には驚いた。空はものすごく濃いブルーで、木は一本もない。地面は岩がゴロゴロしているばかりでまるで月世界だ。宇宙が近いせいか、青蔵鉄道のディーゼル機関車の顔は、映画『スター・ウォーズ』のダースベイダーに似ているように思えた。

笑顔も素敵な青蔵鉄道の乗務員。

渓谷と田園地帯をひた走る

中国最後のSL（蒸気機関車）鉄道

中国　芭石《ばせき》鉄道

水牛の前を蒸気機関車が通過。

DATA

■鉄道名／芭石鉄道
■運行区間／石渓～黄村井の約20㎞
■所要時間／1時間20分
■その他／中国鉄道の子供料金は年齢ではなく身長別で、1.2m以下なら無料、1.5mまでは半額、それ以上は大人と同額。小柄な子供ほど得である。

中国国鉄では、１９９０年代後半まで４０００両を超える蒸気機関車が活躍し、世界最後の蒸気機関車の楽園とまで呼ばれていたが、一気に消滅した。それは、北京オリンピック（２００８年）と上海万博（２０１０年）までに、前時代の古い鉄道は淘汰《とうた》するようにという中国政府のスローガンがあったからに他ならない。

ところが、２０１４年の今日でも、蒸気機関車が活躍している鉄道がある。四川《しせん》省の山奥を走る「芭石《ばせき》鉄道」である。山奥の私鉄ということで政府の目も届かなかったようだ。しかも、沿線には石炭が豊富にある。電気や石油より石炭で走るＳＬが最適というわけだ。

車内は中国人旅行者で和気あいあい。

水蒸気を吐き出す蒸気機関車。迫力がある。

場所は四川省の省都成都《せいと》から２００kmほどの山中。午前6時、ＳＬの汽笛が石渓《せっけい》駅に轟きわたると、一番列車は20km先の黄村井《こうそんせい》駅を目指して発車した。車内はＳＬ見たさに都会からやってきた観光客と、地元の人たちとで満員だ。市場の帰りだろうか、背負子《しょいこ》に子豚を乗せた客もいる。車窓風景は仙人峡と呼ばれる渓谷と、水牛が働く田園地帯が連綿と続く。近代的な電車やディーゼルカーではなく、ＳＬが似合う風景だ。

市場で買われた子豚が背負子に。

時速431km!

世界一の高速列車

中国　上海《シャンハイ》磁《じ》気《き》浮《ふ》上列車《じょうれっしゃ》

横に6人掛けの広い車内。

世界一のスピード、時速431kmで走行。

DATA

■列車名／上海磁気浮上列車

■運行区間／龍陽路〜浦東国際空港駅の約30km

■所要時間／7分20秒

■その他／約30kmを7分20秒で走行ということは、60kmなら14分40秒となる。つまり東京都心〜成田空港間（約60km）に開業したならわずか15分弱!

現在、世界最高速で営業運転中の列車が、中国の「上海磁気浮上列車」、英語名で「SMT（上海・マグレブ・トレイン）」である。日本では「リニアモーターカー」と呼ばれ、厳密には鉄のレール上を走る「鉄道」ではないけれど、中国語では列車、英語でもトレインが正式名なので、「列車」であることは間違いない。

始発駅は上海市内の龍陽路《ロンヤンルー》駅。自動券売機でチケットを購入し、手荷物検査の後、プラットホームに上がると、白い車体の「SMT」は既に入線していた。女性服務員に挨拶され車内へ。天井は低いけれど、通路を挟んで3人掛け座席がずらりと並ぶ車内は、広々している。

やがて発車時刻となってドアが閉まる。と、同時に、床下から何やら電気音がうなりを上げた。すると、ヒューンという音とともに5cmほど浮かび上がり、スタートした。

スタートと同時にグングン加速し、壁面のデジタル式速度計もどんどん上がる。発車して約3分後、世界最高速430km!　さらに勢い余って、431km!　速い、速い!

眺望抜群！

2階建ての路面電車

香港　香港電車有限公司《ホンコンでんしゃゆうげんこうし》

128号は観光用の豪華なトラム。128は中国では縁起のいい数字。

DATA

■鉄道名／香港電車有限公司
■運行区間／堅尼地城～筲箕湾、跑馬地の16.3km
■所要時間／約50分
■その他／物価の安い香港だが、トラムの料金は2.3香港ドルと特に安く設定されている。香港の地下鉄の最低料金は4香港ドル。日本では地下鉄と路面電車はほぼ同額。

香港には世界でも珍しいダブルデッカー（2階建て）の路面電車が走っている。正式名は「香港電車有限公司」、英語名は「香港・トラムウエイズ・リミテッド」だが、若者からは英語で「トラム」、年配の人たちからは中国語で「電《デン》車《チェー》」と呼ばれ、親しまれてきた。1904年の開業なので今年で110周年。

香港の中心、中環《セントラル》から乗車した。香港トラムは、後ろ乗り、前降りなので、後部ドアから乗車。入口のドアには漢字で「上」と書いてあるので一目瞭然だが、降りるドアは「落」。少々恐い感じだ。料金は後払いなので乗車したら階段を上って2階へ。何といってもダブルデッカーは眺望抜群である。

お勧めのトラムの行き先は「北角《ノースポイント》」。日系デパート、崇光《そごう》もある銅鑼湾《コーズウェイベイ》から、北角の路地に突入すると、驚くことと請け合い。前方の線路が人波と露店とで埋め尽くされているからだ。ここは香港市民の青空マーケット、多種多彩な生鮮食料品が並ぶ北角市場である。さすがのトラムもここでは超ノロノロ運転だ。

標高差2421m！

台湾最高峰を行くご来光列車

台湾　阿里山《ありさん》森林鉄道

早朝3時、阿里山駅を発車するご来光列車。

DATA

■鉄道名／阿里山森林鉄道・祝山線
■運行区間／阿里山〜祝山の6.25km
■所要時間／約25分
■その他／ご来光時間は季節によって変化する。最も早い夏至は5時ごろ、冬至は7時ごろ。ご来光列車は日の出の時刻に合わせて運行される。

世界三大登山鉄道の一つに数えられているのが、台湾の「阿里山《ありさん》森林鉄道」である。起点は海抜30mの嘉《か》義《ぎ》駅、そして終点は海抜2451mの祝山《いわいやま》駅。全長約78kmの間に、標高差2421mを駆け上がるという世界でも有数の登山鉄道だ。その間に車窓風景は、熱帯林から暖帯林、さらに温帯林に変化する。3種類の植

祝山展望台より望むご来光。

祝山駅に到着したご来光列車の前で記念写真。

物分布圏を通過する鉄道は、世界でも例を見ない。

けれども現在、阿里山本線の奮起湖《ふんきこ》～阿里山間は度重なる土砂崩れによって不通となっている。にもかかわらず、阿里山～祝山間の祝山線（6・25㎞）には「ご来光列車」が運行されている。人々は路線バスで阿里山まで上り、日の出を見るために祝山線に乗るのだ。

早朝3時、阿里山駅をご来光列車は発車した。早朝だけに皆さん眠たそう。列車は約25分で祝山駅に到着した。海抜2451m、台湾で一番高い駅である。そして駅に隣接する祝山展望台にてご来光を待つ。やがて5時過ぎ、見事な朝日が、玉山《ぎょくざん》から昇った。玉山は標高3952m、富士山よりも高い、台湾の最高峰だ。

祝山駅は台湾一高い海抜2451m。

新幹線の輸出第1号

台湾初の高速鉄道

台湾　台湾高鐵《こうてつ》

日本とよく似た車内販売。

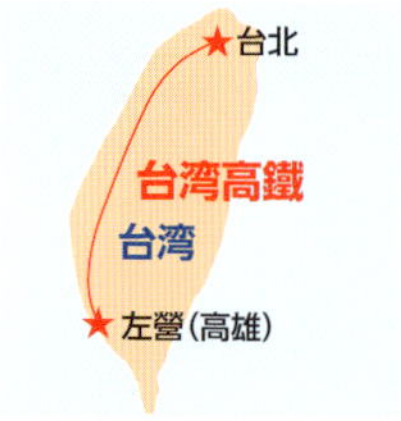

夕焼けの中を時速300㎞で駆け抜ける。

DATA

■鉄道名／台湾高速鉄道
■運行区間／台北～左營(高雄)の345㎞
■所要時間／1時間36分
■その他／日本の新幹線700系がベースの台湾高鐵700T型だが、最大の違いは乗務員室ドアの有無。台湾の運転士は、航空機のように客室ドアから乗降する。

２００７年に台湾の北と南の大都市である台北～左營《さえい》間に開業したのが台湾の新幹線「台湾高速鉄道」、英語で「ＴＨＳＲ（台湾・ハイ・スピード・レール）」である。漢字での略称は「台湾高鐵」。鐵は日本の鉄の字だが、台湾では簡略化されていない繁体字が使われているので画数が多い。日本も中国も簡体字の国なので、漢字の文化は台湾のほうが伝統的といえる。

さて「高鐵」だが、車体はいかにも、南国らしいオレンジ色の装いだが、実はこの車両、東海道・山陽新幹線で活躍中の７００系をベースに製造された７００Ｔ型。台湾初の新幹線というわけだが、同時に日本にとっても初の新幹線海外輸出となった。

編成は、商務車廂（ビジネスクラス）１両と、標準車廂（普通車）11両の12両編成。車内の印象は日本製だけに、日本の新幹線そのものだが、ＡＢＣの座席表示が、日本は、「窓側、中央、通路側」だが、台湾では、「窗邊《まどべ》、中間、走道」となっていた。通路のことを走道と呼ぶのは興味深い。つまり、走っていいわけだ。

座席は後ろ向き

フランス流の超特急

韓国　**KTX**

ソウル駅にて出発を待つKTX。

韓国の駅弁「プルコギ（焼肉）弁当」、7000ウォン（約700円）。

DATA

■鉄道名／KTX（コリア・トレイン・エクスプレス）
■運行区間／ソウル〜釜山の423.8km
■所要時間／2時間18分
■その他／KTXの第2世代「KTX山川（サンチョン）」の座席は向きが転換できるよう改善された。「山川」とは、イワナの意。なるほど、魚顔のデザインである。

韓国の高速鉄道「KTX（コリア・トレイン・エクスプレス）」は、2004年4月1日、フランスの超特急TGVの技術によって開業した。

座席はTGVと同様に固定されていて、向きを変えることはできない。座席の向きに関しては、ヨーロッパの人たちはあまり問題にしないようで、好んで後ろ向きの席に座る人も多い。日本では、前向きがスタンダードで、終着駅で一斉に座席の向きを変えるのはご存じの通り。韓国ではどうか。日本と同様に後ろ向きの席が不評で、何と、5％割引されるようになった。後ろ向き席が好きな人にはラッキーというわけだ。

韓国のKTXで残念なことは、フランス製でありながら、TGVにあるビュッフェが連結されなかったことである。その代わり、駅やホームで駅弁を販売している。代表的なお弁当に「キムパプ弁当」がある。キムは海苔、パブはご飯。つまり「海苔巻き弁当」というわけだが、海苔は韓国ならではの胡麻油と塩をまぶしたもの。海苔巻きの中身は、卵焼きやキュウリ、キムチなど。「マシッソヨ！」（美味しい！）。

廃線跡を有効活用

線路を走る「レールバイク」

韓国 **アウラジ・レールバイク**

トンネルの中は涼しくて神秘的。

出発の合図を待って1両ずつ発車。

DATA

■**鉄道名**／アウラジ・レールバイク
■**運行区間**／アウラジ～クジョルリの7.2km
■**所要時間**／約50分
■**その他**／レールバイクのある江原道アウラジから北に20kmほど行くと、平昌スキーリゾートがある。2018年の韓国冬季オリンピックの開催予定地である。

鉄道廃線跡の有効な活用法をご存じだろうか。鉄道が廃止された後の線路跡は、道路にするには狭過ぎて、せいぜい、サイクリング道路になればいいほうで、ほとんどが草ボウボウだ。

ところが韓国では、廃線を利用し画期的なビジネスを始めた。線路を走る自転車「レールバイク」である。場所は江原道《カンウォンド》アウラジ。炭鉱の閉山によって数年前に廃線となった、アウラジ～クジョルリ間の7・2㎞。

始発駅のクジョルリ駅に到着して驚いた。何十両というレールバイクにお客さんが跨《また》がり、出発を待っていたからだ。私もチケットを買ってレールバイクに跨がる。ペダルを漕《こ》ぐとレールバイクは滑るように走り出した。「タタン、タタン……」というレールの継ぎ目を渡る音に、あたかも自分自身が列車になったような気分。前方にトンネル接近！　入る瞬間はちょっと恐かったが、中は涼しくて神秘的。続いて鉄橋。踏切では遮断機が下りて自動車が我々のレールバイクの通過を待っている。風を切って線路を走ることが、これほど楽しいとは！

韓国始発〜北朝鮮着？

38度線で分断された鉄道

韓国　京義線《キョンウィソン》

都羅山駅に到着したディーゼルカー。

都羅山駅の改札係は軍人だ。

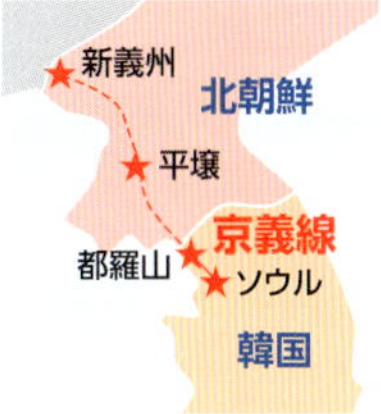

DATA

■**鉄道名**／韓国鉄道公社・京義線
■**運行区間**／ソウル〜都羅山の56.1km
■**所要時間**／約2時間（待ち時間含まず）
■**その他**／南北首脳会談によって、韓国と北朝鮮を直通するセマウル号が運行されたが、南北関係の悪化のため運休中。

KO《コー》レイル（韓国鉄道公社）には、日本と同様に、始発駅と終着駅の名前を組み合わせた路線名がある。例えば、「京釜線《キョンブソン》」は、首都ソウル（旧京城）と釜山を結ぶことに由来する。ところが、終着駅が見当たらない路線がある。「京義線」だ。京はソウル駅だが、義は北朝鮮の新《シ》義州《ニジュ》駅。かつては、ソウルから平壌《ピョンヤン》を経由し中国国境の新義州に至る全長496・7kmの幹線だったが、1950年の朝鮮戦争以降、38度線で分断されたまま今日に至っている。

復旧工事は着々と進められ、38度線直前まで列車の運行が再開された。行けるところまで行こうと、ソウル駅から京義線に乗車する。

ソウルを発車して1時間15分で汶山《ムンサン》駅に到着。待っていたディーゼルカーに乗り換えて臨《イム》津江《ジンガン》駅へ。パスポートを提示して立ち入り許可証を申請し、1時間後の列車で都羅山《トラサン》駅に到着。前方の小高い丘が都羅山だ。山頂展望台からは北朝鮮の開城《ケソン》の街並みを望む。最も印象的だったのは、臨津江駅の蒸気機関車の石碑にある「鉄馬は走りたい」という言葉。私も同感だ。

アジア版オリエント急行

マレー半島縦断の豪華列車

シンガポール～マレーシア～タイ　E&O

ご乗車ありがとう！　コップンクラップ！

DATA

■列車名／E&O（イースタン&オリエンタル・エクスプレス）
■運行区間／シンガポール～バンコクの約2000km
■所要日数／2泊3日（北行）、3泊4日（南行）
■その他／タイの戦跡クワイ川鉄橋と、マレーシアのペナン島では、いずれも2～3時間のエクスカーション（ミニ観光）が行われる。

シンガポールからマレーシアを経由してタイのバンコクへと至る全長約２０００㎞の「マレー半島縦断鉄道」は、世界でも人気の鉄道路線。エキゾチックな熱帯地方の車窓風景もさることながら、緑あふれる国際都市シンガポール、回教の国マレーシア、そして仏教国タイと、列車の中にいながらにして、文化も宗教も風土も異なる三つの国を味わえることも、大きな魅力だ。

そのマレー半島で、ヨーロッパのオリエント急行に匹敵する豪華列車が運行されている。「E&O（イー

ラウンジカーにてタイ古典舞踊が披露される。

第二次世界大戦中、日本軍によって建設されたアルヒル桟道橋を行く。

スタン&オリエンタル・エクスプレス）」だ。

列車は、寝台車、食堂車、ラウンジカー、展望車などを連ねた20両編成で、寝台車は2段ベッドのプルマン寝台、ツインベッドのステイト寝台、最上級のプレジデンシャル・スイート寝台の3クラスからなる。グレードにかかわらず、全個室にシャワー室完備というのは、熱帯地方を走る列車だけに、嬉しい配慮。食事はフランス人シェフによる正統派フレンチだが、そこはマレー半島。トロピカル・フルーツなど熱帯地方の食材が多用される。

正装して臨むディナー。

クワイ川鉄橋を渡る

第二次世界大戦悲劇の鉄道

タイ　ナムトク線

お坊さんも観光に訪れるクワイ川鉄橋。

クワイ川鉄橋を渡るナムトク線の列車。

DATA

■**鉄道名**／タイ国鉄ナムトク線
■**運行区間**／バンコク・トンブリ～ナムトクの193km
■**所要時間**／4時間45分
■**その他**／リバー・クワイ・ブリッジ駅の周辺には、日本製蒸気機関車C56形の他、日本陸軍が建てた戦没者慰霊碑、戦争博物館、連合軍共同墓地などがある。

第二次世界大戦中、日本軍がタイ～ビルマ（現ミャンマー）間に突貫工事で建設した全長約415kmの軍用鉄道が泰緬《たいめん》鉄道である。当時日本では、タイを「泰《たい》」、ビルマを「緬甸《めんでん》」と表記していたため、この名が付けられたが、現在、ミャンマーまでは通じていない。けれども、タイの首都バンコクからナムトクまで、タイ国鉄のローカル線「ナムトク線」として残っている。

朝7時50分、バンコク・トンブリ駅をナムトク行き各駅停車は発車した。列車は、ディーゼル機関車に牽引された8両編成でオール3等車。遠足に行く小学生たちも大勢乗っている。

やがて10時35分、ナムトク線の中心地であり、かつて泰緬鉄道の建設基地があったカンチャナブリのリバー・クワイ・ブリッジ駅に停車。ここには、大戦中に日本軍が造った全長306mのクワイ川鉄橋が残っている。今では観光地のように賑《にぎ》やかな地域だが、泰緬鉄道は4万5000人もの犠牲者を出して開通した悲劇の鉄道である。戦争博物館には、当時の捕虜の様子が蝋《ろう》人形などで再現されている。

タイとラオスの国境を越える

世界最短の国際列車

ラオス　ラーオレイル

先頭車両の車窓にラオスの国旗が現れた。

ラオスからの国際列車がタイのノンカイ駅に到着。

DATA

■鉄道名／ラーオレイル
■運行区間／ノンカイ～タナレーン(ビエンチャン郊外)の5km
■所要時間／約15分
■その他／ラオス初の鉄道、ノンカイ～タナレーン間の開業は2009年のこと。将来は首都ビエンチャンまで9km延長され全長14kmの鉄道になる予定。

タイの首都バンコクから寝台列車に乗って12時間25分、タイ東北部の終着駅ノンカイに到着。プラットホームの先には、蘭の花が描かれた紫色の列車が停車していた。ラオス国鉄「ラーオレイル」のディーゼルカーだ。けれども、すぐに乗ることはできない。タイとラオスを結ぶ国際列車なので、駅で出入国手続きと税関審査を受けなければならないからだ。

出入国審査も無事終了し乗車する。2両編成でいずれも3等車。エアコンはないが、開け放たれた窓から、田舎の香水入り薫風が入ってくる。やがて、10時ちょうど、ラオスに向け発車した。ラオスは初めてなので興味津々である。国境はどんな場所であろう？

しばらく行くと大きな川に差し掛かった。メコン川だ。列車はメコン川に架けられた、鉄道と道路との併用橋を進む。橋の途中まではタイの国旗が続くが、中央でラオス国旗に替わる。ここが国境だ。メコン川を渡り終えると、目の前にラオスのタナレーン駅が現れた。全長5km、所要時間わずか15分の国際列車の旅だった。

トロピカルな車窓風景を眺める

メーターゲージの急行列車

マレーシア　**ラクヤット号**

1等車ではコーヒーやスナックがサービスされる。

クアラルンプール駅を発車するラクヤット号。先頭のディーゼル機関車は日本製。

DATA

■**列車名**／KTM・ラクヤット号
■**運行区間**／バターワース〜ウッドランズの762㎞
■**その他**／マレーシアの国教はイスラム教なので、列車内などでのアルコール飲料の販売は御法度だが、イスラム教徒以外の飲酒は自由。車内持ち込みも可である。

KTM（マレー鉄道）を代表する急行列車「ラクヤット（国民）号」。マレー半島北部のバターワースから首都クアラルンプールを経由、マレー半島最南端のジョホールバルで国境を越え、シンガポールのウッドランズまで足を延ばす国際列車だ。ただし、軌間（線路幅）はイギリスの統治時代に敷設され、かなり狭いゆえに、車両は小柄でスピード上のハンディもある。

けれども、トロピカルな車窓風景を眺めるのには、ほどよい速度であろう。バナナ、マンゴー、パパイヤなどのフルーツの他に、圧倒的に多いのはヤシの木である。ヤシは3000種もあるというが、マレーシアに多いのは、背が高くて大きなココナツを実らせたココヤシと、石けんやシャンプーの原料となる油ヤシの実がとれるパームオイルツリーなどである。

列車は1等車、2等車、3等車の他に食堂車があり、ナシゴレン（焼き飯）、アヤムゴレン（フライドチキン）、サテー（マレー風焼き鳥）などのマレー料理が供される。ただし、マレーシアは回教国、アルコール飲料の販売はない。

水田地帯を駆け抜ける

速い! 竹製トロッコ

カンボジア　**バンブー・トレイン**

エンジンは日本製。その手前はブレーキ。

線路に牛がいたので一時停止中のバンブー・トレイン。

DATA

■**列車名**／ローリー(愛称)、英語ではバンブー・トレイン
■**運行区間**／プノンペン近郊
■**走行距離**／数km程度
■**その他**／カンボジア国鉄では、現在ほとんどの列車が運行を休止している。だが、走行可能な線路では、タクシーのように、庶民の足、ローリーが活躍している。

鉄道がある国は世界中に約140カ国、その内、旅客列車が走っている国は120カ国弱である。しかしながら、日本のように、時刻表通りに列車が走っている国ばかりではない。カンボジアもその一つであった。首都のプノンペン駅に切符を買いに行ったものの、ホームに停まっていた車両は朽ち果て、車内にも駅内にも人影はない。近くの店で尋ねてみれば、「以前は走っていたが、今は運休中」とのこと。大いに落胆していると、「次の駅からローリーが出ているよ」というではないか。「ローリーって何?」と聞けば、「バンブー・トレインのことさ!」。

はて、バンブー・トレインとは何のことだろう。まさか竹の列車があるとも思えないが、半信半疑で次の駅まで行くと、何と、竹を筏《いかだ》のように組んだ、お手製のトロッコが発車を待っていた。運転手のタムソファ君が、日本製のロビン・エンジンを始動すると、バンブー・トレインは滑るように走り出した。水田地帯をグングン、スピードを上げる。速い、速い! 国鉄に頼らず、民間がバンブー・トレインを走らせているのだ。

開業以来1世紀以上変わらぬ

世界遺産登録鉄道

インド　**ダージリン・ヒマラヤ鉄道**

商店街の軒先をかすめて走る蒸気機関車。

DATA

■鉄道名／ダージリン・ヒマラヤ鉄道
■運行区間／ニュージャルパイグリ～ダージリンの88km
■所要時間／7時間15分
■その他／世界遺産登録以降にディーゼル機関車が登場した。現在はニュージャルパイグリ～ダージリン間の直通列車中心で、区間列車は蒸気機関車が活躍している。

オーストリアのセメリング鉄道に次いで、鉄道関連では世界で2番目の世界遺産に登録されたのが、インドの「ダージリン・ヒマラヤ鉄道」である。

ヒマラヤを望む紅茶の産地を走る鉄道だが、右の写真をご覧いただきたい。先頭に立つ小型蒸気機関車の前に人が乗っているが、何をしているのであろうか？

正解はレールへの砂撒《ま》きである。なぜなら、レールは鉄、一方、機関車や電車の車輪も鉄である。鉄と鉄

レールに砂を撒きながら進む。

煙を上げながら走るダージリン・ヒマラヤ鉄道。石炭をたっぷり積んでいる。

なので急勾配や急カーブではスリップしやすいことから、滑り止めの砂を撒いているというわけだ。

実は、「ダージリン・ヒマラヤ鉄道」に限ったことではない。日本の鉄道車両も、蒸気機関車はもちろん、電気機関車、ディーゼル機関車など、大多数の機関車に砂箱があり、スリップしやすい場所で機械的に砂を撒いている。砂を手で撒くとは、何とも原始的な方法だが、実は世界遺産登録の理由が、「1881年の開業以来、1世紀以上にわたってほとんど近代化されずに走り続けている」ことにある。したがって、手で砂を撒くことも、世界遺産登録事由の一つといえよう。

蒸気機関車で通学する子供たち。

英雄の名を冠した世界遺産の駅

ヴィクトリア様式駅舎

インド　ムンバイCST駅

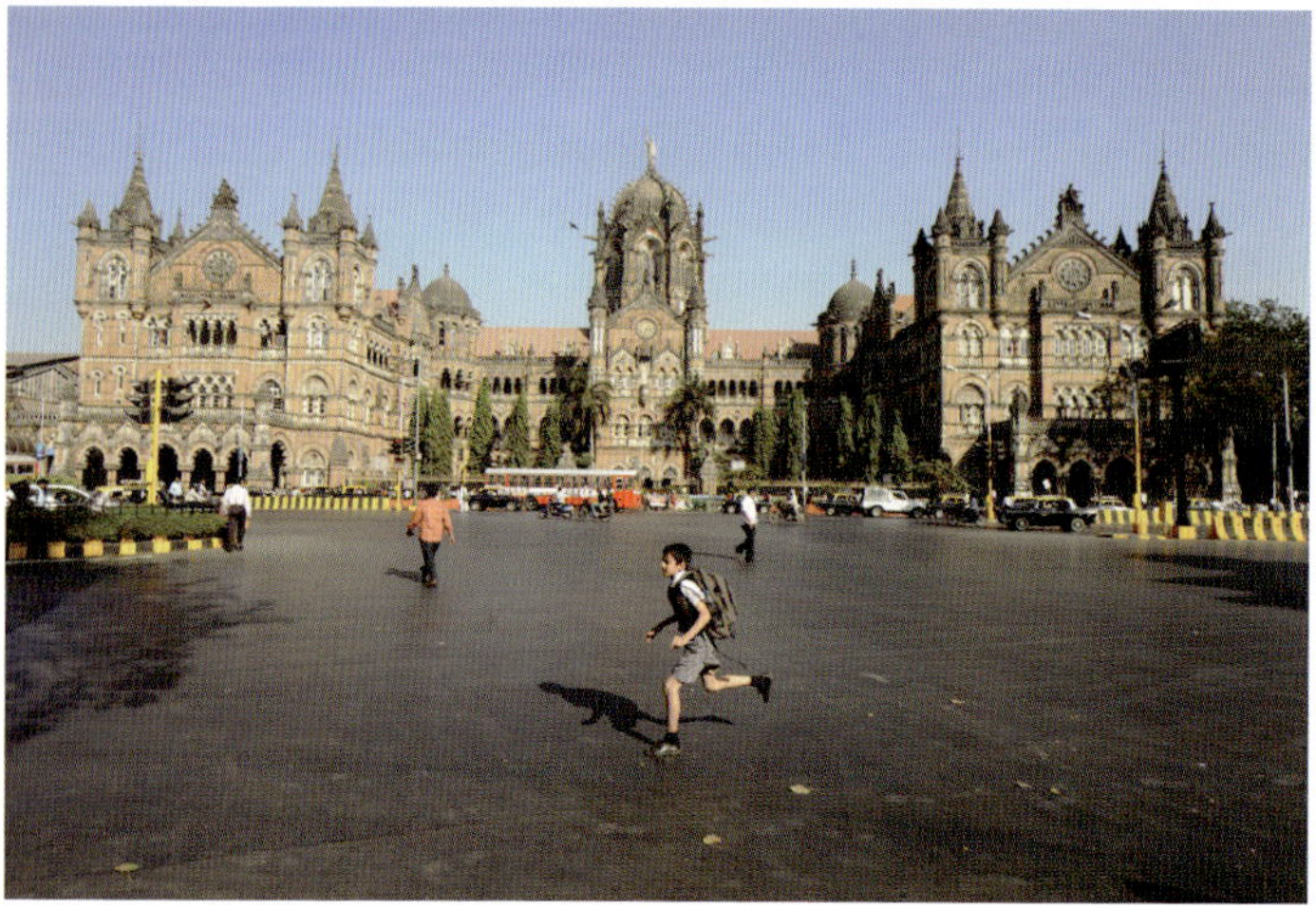

2004年にユネスコ世界遺産に登録されたチャトラパティ・シヴァージー・ターミナス駅。

DATA

■駅名／チャトラパティ・シヴァージー・ターミナス駅（旧称・ヴィクトリア・ターミナス駅）
■所在地／インド中部のマハーラーシュトラ州ムンバイ市内
■竣工年／1888年
■世界遺産登録年／2004年
■その他／チャトラパティ・シヴァージー・ターミナスでは長いので市民からは「CST」と呼ばれている。

ユネスコの世界遺産は現在、１０００件以上が登録されているが、鉄道の駅舎が登録されているのは、世界中でたったの1件、インドのムンバイにある「チャトラパティ・シヴァージー・ターミナス駅」である。登録事由は、「インドにおけるヴィクトリア様式建築の傑作」だが、設計したのはイギリスの建築家フレデリック・ウィリアム・スティーブンス。１８７８年から10年の歳月をかけて１８８８年に完成した。完成当時の駅名は、「ヴィクトリア・ターミナス駅」。当時はイギリスの植民地で、時の女王、ヴィクトリア女王に由来する。

ヒンディー語で記された世界遺産のプレート。

ムンバイ市内を走る通勤電車。車体は人々がすずなり。

やがて第二次世界大戦後の1947年、インドは独立を果たし、1996年には駅名も、現在の「チャトラパティ・シヴァージー・ターミナス駅」に変わったが、現在でも、「ヴィクトリア・ターミナス」と呼ぶ人も多い。チャトラパティ・シヴァージーとは、ヒンドゥーの歴史的英雄の名である。同駅からは、デリー、バナーラス、チェンナイ、ゴア方面への特急列車が発着する他、インドの誇る豪華寝台列車「デカン・オデッセイ」が発着するターミナルでもある。

壊れているのか電車のドアは開きっぱなし。

車内販売は美味しいミルクティー

紅茶の産地行きの急行列車

スリランカ　ナガラ・アタラ・シーグロガーミ

最後尾の展望サルーン車。エアコンはない。

インド洋の海岸線を走る急行列車。先頭のディーゼル機関車は日立製。

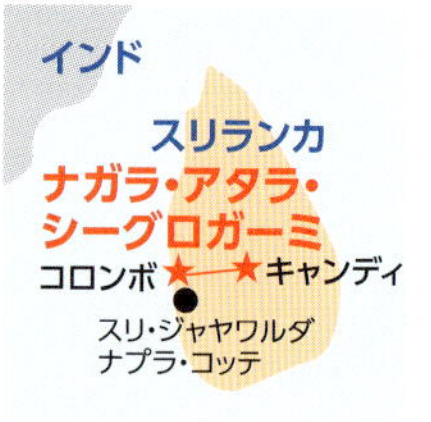

DATA

■列車名／ナガラ・アタラ・シーグロガーミ
■運行区間／コロンボ～キャンディの121km
■所要時間／2時間35分
■その他／スリランカの鉄道はインドやパキスタンと同じ線路幅1676㎜の広軌（ブロードゲージ）を採用している。JR在来線よりも約600㎜広い。

スリランカはインド洋に浮かぶ島国だが、かつての国名はセイロンだった。国の名は変わっても、長年親しまれてきた「セイロン紅茶」のブランド名は今も変わらない。紅茶の産地は、インド、スリランカ、アフリカなどだが、いずれも海抜の高い高原地帯で高級な紅茶が栽培されている。スリランカでは、古都キャンディの周辺に広がる標高1900mの丘陵地帯、ヌワラエリヤ地方がセイロン紅茶の主な産地だ。

ヌワラエリヤを目指し、スリランカ最大の都市コロンボより、キャンディ行きの急行列車に乗車。スリランカの列車のサボ（行先票）は写真のようなシンハラ語で、私には解読不可能。近くにいた駅員に尋ねてみれば、「ナガラ・アタラ・シーグロガーミ」とのこと。単語の意味は、「町、間、急行」。ドイツの超特急「インター・シティ・エクスプレス」と同じ列車名なのだ。

先頭は日本製のディーゼル機関車で、最後尾は眺めのよい展望サロンカー。紅茶の車内販売もスリランカならでは。じっくり煮出したコクのある美味しいミルクティーである。

所要時間は3分
世界一短い地下鉄

トルコ　**テュネル**

最新型の地下ケーブルカー。

1875年に完成したトンネルを走るテュネル。

DATA

■**鉄道名**／テュネル
■**運行区間**／カラキョイ〜テュネル広場の573m
■**所要時間**／3分
■**その他**／テュネルの開業は1875年のこと。ロンドン地下鉄（1863年）に次いで世界で2番目に古い地下鉄で、開業当時は電気ではなく蒸気動力だった。

ヨーロッパとアジアの架け橋と呼ばれる都市が、トルコのイスタンブールである。ボスポラス海峡をへだて、東はアジア大陸、西はヨーロッパ大陸に跨がっているため、エキゾチックな港町だ。日本でも、庄野真代が唄う『飛んでイスタンブール』が大ヒットし一躍有名になった。

イスタンブールには、アジアとヨーロッパを結ぶ「ボスポラス海峡フェリー」や、路面電車「トラムヴァイ」など、魅力的な乗り物が多数走っている。中でも特にユニークなのが、世界一短い地下鉄「テュネル」(トルコ語でトンネル)である。全長573m、所要時間はたった3分!始発駅はイスタンブールのヨーロッパサイドの新市街、ボスポラス海峡フェリーが発着するカラキョイ桟橋前のカラキョイ駅である。

自動改札にアクビル(電子切符)をタッチして2両編成のテュネルに乗車。発車するとトンネルをグングン上昇して行く。レールの間にはケーブルが見える。テュネルは普通の地下鉄ではなく、地下ケーブルカーなのだ。乗車時間3分はあっという間だが、その間に約60m上昇する。

column

インドの鉄道世界遺産

2014年9月現在、世界遺産は1007件が登録されているが、こと鉄道にまつわる世界遺産は5件・6鉄道と決して多くはない。では登録順に紹介しよう。

1998年、鉄道として初の世界遺産登録の栄誉に輝いたのは、オーストリアの「セメリング鉄道」であった。翌99年、2番目に鉄道世界遺産に登録されたのが、インドの「ダージリン・ヒマラヤ鉄道」である。続いて2002年には、ハンガリーの「ブダペスト・メトローM1号線」。04年にはインドの「チャトラパティ・シヴァージー・ターミナス（鉄道駅)」。05年には、やはりインドの「ニルギリ登山鉄道」が、08年にもインドの「カルカ・シムラ鉄道」が、「インドの山岳鉄道群」として追加及び拡大登録され、同年、スイスの本命「レーティッシュ鉄道アルブラ線・ベルニナ線と周辺の景観」が新規登録された。

つまり、鉄道にまつわる世界遺産は、インドが3鉄道と1駅。オーストリア、スイス、ハンガリーがそれぞれ1鉄道という内訳である。鉄道発祥国の英国がゼロ、南北アメリカ大陸やアフリカ、オセアニアも皆無というのは、いささかバランスを欠くと思うが、それにしても、インドばかり多いのはなぜだろう。

以降はあくまでも私感だが、「ダージリン・ヒマラヤ鉄道」が世界遺産に登録されるや否や、単独では登録が難しそうな他の鉄道を、「インドの山岳鉄道群」として次々に登録申請したインドの作戦勝ちではなかろうか。つまり、インド人特有の頭の良さなのだ。事実、私もこれまで、何て頭がいいのだろうと感心したことが一度ならずある。例えば、我が家の近くに、実に美味しいインド料理店があるのだが、不思議なことに行く度に料金が高くなる。そこで「日本ではお得意様にはサービスするもの」と言えば、「お客様は当店を気に入った。だから高くしても必ず来るね」。なるほど！

第3章

アフリカ編

AFRICA

ヴィクトリア滝駅

ナイル・エクスプレス

世界一の大河ナイルに沿って走る

古代遺跡をたどる寝台列車

エジプト　**ナイル・エクスプレス**

木の座席が並ぶ3等車。

ナイル川の河畔を走るナイル・エクスプレス。

DATA

■列車名／ナイル・エクスプレス

■運行区間／カイロ〜アスワンの879km

■所要時間／12時間15分

■その他／イスラム教国なのでアルコールは禁止されているが、ナイル・エクスプレスの外国人専用クラブカーに限っては、ビールやウイスキーが販売されている。

ピラミッドやスフィンクスなど古代文明で有名なエジプトは、国土の96％が砂漠の国である。砂漠には水がないので木も草も生えず、人間や動物も生きていけない。では、どうやってピラミッドやスフィンクスを作ったのだろうか？　その疑問を解く鍵がナイル川だ。

首都カイロのラムセス中央駅から寝台列車「ナイル・エクスプレス」に乗った私は、ルクソールで朝を迎え驚いた。進行方向右側の車窓にはヤシの木が茂り、その先には青々としたナイル川が流れている。河畔には家があり、人々や家畜もいる。ところが、進行方向左側の車窓を見ると、草木も人家もなく、砂漠の大地が広がっているのみ。右と左でこんなに車窓風景が違うところはあまりない。

地図を見て、その疑問が解けた。都市や町のほとんどがナイル川の両岸にあり、鉄道もナイル川に沿って走っている。つまり、国民のほとんどがナイル川の岸辺で生活していることになる。ピラミッドやスフィンクスも、ナイル川のおかげで出来上がったというわけだ。

カサブランカ(白い家)行き

「白」い急行列車

モロッコ　**急行ベーダ**

タンジール港に入港するジブラルタル海峡フェリー。列車に接続する。

タンジール駅を発車しカサブランカ駅へと向かう急行ベーダ。背後はジブラルタル海峡。

DATA

■**列車名**／急行「ベーダ」
■**運行区間**／タンジール～カサブランカの420km
■**所要時間**／4時間45分
■**その他**／アルヘシラス港～タンジール港間は63kmあるが、ジブラルタル海峡の最狭部はわずか14km。好天なら、ヨーロッパとアフリカが肉眼で見える。

ヨーロッパ最南端のスペイン、アルヘシラス港を出港した「ジブラルタル海峡フェリー」は、およそ2時間半でモロッコのタンジール港に入港した。フェリーの甲板から、街並みや港と駅、そしてこれから私が乗る急行列車「ベーダ」も見える。けれど、近いのに、なかなか列車までたどり着くことができない。

なぜなら、フェリーを降りて入国審査を受け、港のターミナルビルを出た途端、10人以上の人たちに囲まれてしまったのだ。そして、「ホテル？」「チェンジマネー（両替）？」「○×△……？」と迫られる。さらに日本語で、「もうかりまっか？」。スペインから近くても、もうここはヨーロッパじゃないとつくづく思った。

ところが、タンジールから乗ったカサブランカ行きの急行「ベーダ」は快適だった。食堂車はないもののキッチンカーがあり、熱々のタマゴ料理や紅茶などがデリバリーされる。車掌に「ベーダ」の意味を質問すると、アラビア語で「白」の意味だという。目的地カサブランカのニックネームは、「白い家」だった。

人食いライオンがトレードマーク

サバンナを行く寝台列車

ケニア　**ジャンボ・ケニア・デラックス**

食堂車にてウインナと玉子焼きのブレックファースト。

サバンナを行くケニア鉄道。線路の右側は野生動物が生息するエリア。

DATA

■列車名／ケニア鉄道・ジャンボ・ケニア・デラックス
■運行区間／モンバサ～ナイロビの530㎞
■所要時間／14時間
■その他／ナイロビの鉄道博物館には、実際に人食いライオンに襲われた当時の寝台車が展示されている。ライオンは窓から侵入したそうである。

世界には約１４０カ国に鉄道があるが、「人食い鉄道」という物騒なニックネームの鉄道は他にはないだろう。戸川幸夫著『人喰鉄道』（１９６８年毎日新聞社刊）の舞台となったケニア鉄道のことである。今から１１０年前に鉄道が建設されたのだが、沿線に凶暴なライオンが生息しており、工事の作業員が次々に食い殺されたという。その数２００人以上。私も恐ろしくなったが、列車から一歩も出なければ大丈夫と自分にいい聞かせ出発した。

始発駅はインド洋に面した港町モンバサ。終着駅が標高１６００mの高原に位置する首都ナイロビだ。距離は５３０㎞。列車は、19時にモンバサ駅を発車する寝台列車である。深夜に通過するツァボ駅が、かつて人食いライオンが生息していた場所である。車内は蒸し暑かったが、私はしっかり窓を閉めて寝た。

翌朝、食堂車で朝食をとっていると、誰かが「ゼブラ！」と叫んだ。続いて「ジラフ（キリン）」登場。でも、ライオンはとうとう現れない。ちょっぴり残念だった。

16日間かけて周遊

走る観光ホテル

ジンバブエ～南アフリカ　**ションゴローロ急行**

ションゴローロ急行の寝台車。

ヴィクトリア滝駅に停泊するションゴローロ急行。

DATA

■列車名／ションゴローロ急行
■運行区間／ヴィクトリア滝～ヨハネスブルクの約1800km
■所要日数／15泊16日
■その他／ションゴローロとはズールー語でムカデのこと。初めて列車を見たズールー族が身体をくねらせて走る様子から「ムカデ」と呼んだことに由来する。

世界一長い鉄道は、ロシアのシベリア鉄道である。全長9297kmを車中6泊7日、1週間かけて走る。ところが、走行距離は約1800kmと短くても、所要時間が車中15泊16日、つまり2週間以上もかけて走る列車がある。アフリカ南部の国、ジンバブエのヴィクトリア滝駅を起点にアフリカの南部を周遊する「ションゴローロ急行」だ。

なぜ16日もかかるのか？　実際に乗ってみてその理由が分かった。列車は始発駅のヴィクトリア滝駅を発車すると、途中の名所旧跡や、野生動物保護区に隣接する駅に停泊しながら進んで行くのである。列車には寝台車、食堂車の他に、ベンツのマイクロバスが数台搭載されている。列車で目的地の近くに到着したら、その先はマイクロバスで観光旅行というわけだ。

列車は夜になると駅に停泊する。寝台車にはシャワーやトイレも完備、食堂車では朝昼夕の3食が提供される。走るホテルというわけだ。料金は決して安くはないが、欧米人を中心にとても人気の高い列車だ。

アフリカを疾走する

世界一の豪華寝台列車

南アフリカ　**ザ・ブルートレイン**

太陽に輝くザ・ブルートレインのエンブレム。

DATA

■列車名／ザ・ブルートレイン

■運行区間／プレトリア～ケープタウンの1600km

■所要時間／27時間

■その他／ザ・ブルートレインは18両編成。寝台個室は、デラックスとラグジュアリーを合わせて全42個室。オールツインなので、定員は最大でもわずか84名。

ギネスブックに世界一と認定された豪華寝台列車が南アフリカの「ザ・ブルートレイン」である。では、どれほど豪華な列車なのか、さっそく乗ってみよう。

始発駅は南アフリカの首都プレトリア駅。切符を提示してチェックインすると、何とシャンパンが手渡された。切符ではなく、グラス片手に乗車というわけだ。乗務員に案内され、私の寝台個室へ。室内がすごく豪華で王様になった気分だ。おや？　このドアは何だろう。開けてみればバスルーム。すごい！　大理石のバ

フルコース・ディナーのサービス。

南アフリカが誇る豪華寝台列車ザ・ブルートレイン。

個室内に大理石のバスタブを完備。

スタブがある。

乗車して最初の食事はランチだ。前菜、スープ、魚料理は伊勢海老、肉料理はビーフステーキ、そしてデザートのフルコースだ。食後はバーカーでお酒を楽しむ。食事もお酒も、「ザ・ブルートレイン」の車内ではすべて無料なのである。ところでバスルームだが、ランチの後、さっそく入浴してみた。列車の揺れでお湯がこぼれるかな？　と心配したのだが、まったくこぼれない。列車が滑るかのようにスムーズに走り、ほとんど揺れないからだ。さすが、世界一の豪華寝台列車である。

出発は個人所有の駅
ロボスさんの夢の豪華列車

南アフリカ　**ロボスレイル**

ロボスレイルの社長ロボスさん。

ロボスレイルの先頭に立つマウンテン型蒸気機関車。

DATA

■列車名／ロボスレイル
■運行区間／プレトリア～ケープタウンの1600km
■所要日数／2泊3日
■その他／ロボス社長は必ずといっていいほど、ロボスレイルに乗車する。仕事の都合で乗車できない場合は、キャピタルパーク駅で乗客の皆さんを送迎する。

前ページで、南アフリカの豪華列車「ザ・ブルートレイン」を紹介したが、実は、南アフリカにはもう一つ豪華列車が走っている。その名は、「ロボスレイル」。「ザ・ブルートレイン」は「青い列車」という意味だが、「ロボス」は人の名前。子供のころから大の乗り物好きだったローハン・フォス氏（愛称・ロボス）が、一代で築き上げた夢の豪華列車が「ロボスレイル」なのだ。

始発駅は、南アフリカの首都プレトリアにあるキャピタルパーク駅だが、私はびっくりしてしまった。ま

南アフリカの大自然の中を進む。

夕暮れのピーターズバーグ駅で乗車。

るで公園のように美しい駅で、ゴミ一つ落ちていない。列車もピカピカなら、車庫に並ぶ機関車もピカピカ。それもそのはず、キャピタルパーク駅は、ロボスさん個人所有の駅なのだ。ここをスタートした「ロボスレイル」は、南アフリカ鉄道の線路に乗り入れて、各地に運行されるのである。

寝台車は全個室がシャワー付きで、食事はフルコース。食事はもちろん、お酒を含むドリンク類も無料。ランドリーも無料でノーチップ制という、至れり尽くせりの「ロボスレイル」だ。

最高級のスイートキャビン。

column

アフリカへのルート

初めてアフリカの大地を踏んだのは、1988年5月25日のことだった。ルートは、スペイン南端の英領ジブラルタル港から、海路でモロッコのタンジール港に渡るつもりだった。

ところがこの日、ジブフェリー（現在はない）は全便運休で、アルヘシラス港へ行くように言われた。ジブラルタルとアルヘシラスの位置関係など、状況の分からない私が、「どうしてもここからアフリカに渡りたい」とゴネると、係員は、「それなら泳いで行け」と笑った。何のことはない。アルヘシラス港はジブラルタル港の目と鼻の先に位置していたのだ。ただし、ジブラルタルはユニオンジャックが翻る英国領であり、アルヘシラスはスペインである。

スペインも返還を要求してはいるものの、300年以上続いた植民地を英国も簡単には手放すまい。そのスペインもジブラルタル海峡の対岸モロッコ国内にセウタ、メリリャと、二つの植民地を有している。強国の自分勝手とでもいおうか、スペインもモロッコの要求には応じない。

さて、私は結局アルヘシラス港からジブラルタル海峡フェリーに乗船し、モロッコのタンジール港を目指した。今でこそ、この海峡には1万トンを超える大型フェリーや、高速船が就航しているが、当時は2000トン級の小さなフェリーだった。海峡は最狭部で 14㎞ほどだが、アルヘシラス港に対してタンジール港は西に位置しているため、実際の航海距離は63㎞、2時間半の船旅だった。

最も感動的なのは、海峡中央部で前方に現れるアビラ岩だ。アルヘシラス港を出港して最初に見えるアフリカ大陸である。ギリシア神話では、「ヘラクレスの柱」と呼ばれ、アトラスの神がこの柱によって天空を支えたとされる岩である。ほどなく、ジブラルタル海峡フェリーは、タンジール港に入港となる。ヨーロッパ最南端からわずか 14㎞だが、ヨーロッパとは何もかも違う世界が待っている。

第4章

アメリカ編

カナディアン号

アラスカ鉄道オーロラ号

AMERICA

全長4466km！

大陸横断鉄道の王様

カナダ　**カナディアン号**

夜のエドモントン駅に停車中のカナディアン号。

DATA

■**列車名**／VIA・カナディアン号
■**運行区間**／バンクーバー〜トロントの4466km
■**所要時間**／83時間(4泊5日)
■**その他**／広大なカナダには6つの時間帯があり、列車は東西方向に概ね24時間進むと1時間の時差調整をする。調整は車掌長のアナウンスで行われる。

全長4466km！　カナダ西部の港町バンクーバーと、東部の大都市トロント間を83時間、4泊5日で結ぶ大陸横断列車が「カナディアン号」である。

4466kmといってもピンと来ないが、東京駅から東海道、山陽本線を西に進み、関門トンネルをくぐって最初の駅が九州の門司駅だ。そこで、1102km。つまり、東京〜門司間を2往復しても、まだ「カナディアン号」のほうが長距離というわけ。

列車の中で4泊5日を過ごすだけに、車内はとても快適にできている。寝台車には、1人用個室、2人用個室、スイートルームなどがあり、シャワー室も完備

6つの時間帯が表示される列車内の時計。

凍結したムース湖畔を力走するカナディアン号。

栄養満点のブレックファースト。

している。寝台車の乗客には、食堂車での食事も無料でサービスされる他、ラウンジカーのコーヒー、紅茶、ジュースなどもフリーだ。

ラウンジは3カ所あるが、私が「カナディアン号」の旅で最も長く過ごしたのが、最後尾の「パークカー」だった。2階建てで、1階にはドリンクやフルーツ、スナックのコーナーがあり、2階はガラス張りのドーム展望車。そこから見たカナディアン・ロッキーの山々や、満天の星など今も忘れられない。

マイナス35度の終着駅を目指す

極北のオーロラ列車

カナダ　**ハドソン・ベイ号**

途中駅で車窓より望む緑色のオーロラ。

チャーチル駅にて出発を待つハドソン・ベイ号。

DATA

■**列車名**／ハドソン・ベイ号
■**運行区間**／ウィニペグ〜チャーチルの1697km
■**所要時間**／44時間55分（2泊3日）
■**その他**／始発駅のウィニペグには、『くまのプーさん』のモデルになった子グマの像がある。終点のチャーチルは、ホッキョクグマの生息地として有名。

ロシアに次いで世界で2番目に広い国、カナダ。北部は寒冷な北極圏だ。人口の大半は、比較的温暖な南部に集中している。

CNR（カナディアン・ナショナル鉄道）とCPR（カナディアン・パシフィック鉄道）というカナダの二大鉄道会社も、人口の多い南部を走る大陸横断鉄道である。ところが、例外的に北を目指す列車がある。ホッキョクグマとオーロラで有名な町、チャーチルへ向かう、「ハドソン・ベイ号」だ。

始発駅ウィニペグからは2泊3日の行程だ。寝台車で2晩過ごすわけだが、最初の夜、私は嬉しくてなかなか寝付けなかった。深夜のことだ。どこかの駅に停車した。カーテンを開け、外を見ると、どうだろう。真っ暗な空に、緑色の光が現れてゆらゆら動いている。「おや、何だろう？」。次の瞬間、私は「オーロラだ！」と叫んでいた。

そして3日目の朝9時、列車は終着駅のチャーチルに到着した。気温はマイナス35度。顔に当たる空気でさえ氷のように痛く感じた。

落差300mのゴージを走る

絶景! 大峡谷鉄道

アメリカ　**ロイヤル・ゴージ・ルート鉄道**

展望車からロイヤル・ゴージを見上げる。

アーカンザス川に沿って走る列車。ゴムボートも見える。

DATA

■鉄道名／ロイヤル・ゴージ・ルート鉄道
■運行区間／キャノンシティ～ロイヤル・ゴージの38km
■所要時間／往復約2時間
■その他／運転士と一緒に運転室に乗車できるコースがある。有料。13歳以上なら誰でもOK。

アメリカのほぼ中央に位置するコロラド州。州都デンバーの南西を走行しているのが、落差がナンバーワンの大峡谷鉄道、「ロイヤル・ゴージ・ルート鉄道」である。

ロイヤルの一般的な意味は「王様の」だが、この場合、「王者の風格がある」とか「素晴らしい」「非常に大きな」という意味が適切だろう。ゴージは「峡谷」、ルートは「道筋」だが、そのまま「ルート」でも意味は通じる。ということで、日本語に訳したなら、「素晴らしき大峡谷ルート鉄道」といった感じだろうか。

始発駅は、キャノンシティだ。発車して10分後、進行方向左側に川が近付いてきた。アーカンザス川だ。やがて左右の山並みも近付いてきて断崖絶壁になった。高さは３００ｍもある。アーカンザス川も急流となり、線路も右に左にカーブしながら大峡谷を進む。この川の流れが、何千万年もの長い歳月をかけて大峡谷を形成したのだという。展望車の乗客が叫んだ。

「ロイヤル・ゴージ!」。まさに、素晴らしい大峡谷である。

コグで急勾配を上る
世界最初の登山鉄道

アメリカ　**ワシントン山コグ鉄道**

急勾配でボイラーを水平に保つため平地では斜めスタイル。

DATA

■**鉄道名**／ワシントン山コグ鉄道
■**運行区間**／山麓駅〜山頂駅の4.5km
■**所要時間**／往復3時間
■**その他**／普通の列車の場合、機関車は客車の先頭に立つが、登山鉄道は後ろから押し上げる。急勾配で万が一、連結器が故障した場合の安全対策である。

登山鉄道といえば、アルプスの国スイスが有名だが、世界最初の登山鉄道はアメリカ合衆国の「ワシントン山コグ鉄道」である。今から１４５年前の、１８６９年に開通した。

ワシントン山はアメリカ東部のニューハンプシャー州にある標高１９１７ｍの山だが、はて、コグ（Ｃｏｇ）は何のことだろう？　登山鉄道には、アプト式やリッゲンバッハ式などがあるが、いずれも発明者の名前がついている。さっそく人名事典で「コグ」という人物を調べてみたが載っていない。そこで英和辞典を開いてみると、「歯車」と出ているではないか。日本語なら「ワシントン山歯車鉄道」という意味になる。

客車内ではブレーキマンが左右のブレーキを調整する。

1000分の374の急勾配を上る2号機関車カンカマガス号。

中央のコグ(歯車)をラックレールに噛み合わせる。

私は、どんな歯車鉄道か興味津々でワシントン山の山麓駅に向かった。出発を待つ蒸気機関車の床下には歯車が見える。一方、山頂へと延びる2本のレールの間には、ハシゴ形のラックレールが並んでいる。なるほど、そこに機関車の歯車を噛み合わせて急勾配を上るというわけだ。その勾配は1000分の374。1000m進む間に、374m上昇することを意味している。山頂駅からは、一大パノラマが広がった。

標高4301mの頂上行き

アメリカ一の登山鉄道

アメリカ　**パイクス・ピーク・コグ鉄道**

途中駅で上下列車のすれ違い。

標高4301mの山頂駅に到着した登山列車。雲が低く見える。

DATA

■鉄道名／パイクス・ピーク・コグ鉄道
■運行区間／マニトウスプリングス～パイクス・ピークの14.3km
■所要時間／約1時間15分
■その他／コグ鉄道の開業は、今から123年前の1891年のこと。当時活躍していた蒸気機関車は、始発駅のマニトウ駅前に展示されている。

「私が住んでいるアメリカのコロラド州には、標高1万4000フィート（約4270m）を超える高山が54座もあります。寛さんの大好きな登山鉄道も走っています。ぜひ、いらっしゃい！」という友人のお誘いを受け、私はコロラド州に行った。正直なところ、アメリカに50州ある中の一つの州だけで、富士山よりも高い山が54座もあるとは知らなかったし、びっくりするような鉄道が走っていた。

それでは、アメリカ一の登山鉄道を紹介しよう。「パイクス・ピーク・コグ鉄道」だ。コグ（Cog）とは歯車のこと。2本のレールの間に敷設されたギザギザのラックレールに、登山列車の歯車を噛み合わせて急勾配を上る。

始発駅を発車して約30分、視界がぱっと開けた。それまでは森の中を走っていたが、いつしか樹木がなくなり、岩だけになったからだ。それから45分、ついに標高4301mのパイクス・ピーク山の頂上に到着した。山頂は寒くて空気も薄いが、こんな高いところまで登山列車が走っていることに、びっくりだった。

人力で方向転換
世界最古の路面ケーブルカー

アメリカ　サンフランシスコ・ケーブルカー

終点ではターンテーブルで方向転換。人力で回転させる。

パウエル通りの急坂をノブヒル目指して上る。

DATA

■列車名／サンフランシスコ・ケーブルカー
■運行区間／パウエル・ハイド線他2路線の約3.7km
■所要時間／約20分
■その他／ケーブルカー3路線の内、カリフォルニア・ストリート線は、前後に運転台があるので終点での方向転換は不要で、ターンテーブルもない。

アメリカで大好きな都市がサンフランシスコだ。その理由は？　世界最古にして唯一の路面ケーブルカーが走っているからだ。路面ケーブルカーとは、路面電車のように道路を走るケーブルカーのことだが、かつては、ニューヨークやロサンゼルスなどにも走っていたそうである。けれども、自動車が増えるにしたがって廃止されてしまった。サンフランシスコでも何度か廃止の危機に見舞われたそうだが、その度に、市民の温かい声援がわき上がり、廃止されずに今日に至っているという。素晴らしいことである。

一番人気は「パウエル・ハイド線」だ。ダウンタウンの乗り場は、パウエル通り。「♪カカッカ、カッカン！」とゴングを鳴らしながら到着し、乗客を降ろすやターンテーブルで方向転換する。これが何と人力なのだ。向きを変えるといよいよ発車だが、運転手はドライバーではなく「グリップマン」。道路の下を走っているケーブルをグリップ（つかむ）して走るからだ。ちなみにケーブルのスピードは時速約15km。なので、ケーブルカーも時速約15kmで走る。

北米大陸最北の終着駅を目指す

世界最後のフラッグ・ストップ・トレイン

アメリカ　**アラスカ鉄道オーロラ号**

フェアバンクスにある北米大陸最北の鉄道標識。

冬のアラスカ鉄道を力走するオーロラ号。気温は氷点下35度にもなる。

DATA

■列車名／アラスカ鉄道オーロラ号
■運行区間／アンカレジ〜フェアバンクスの573km
■所要時間／11時間45分
■その他／アラスカ州の州都ジュノーに近い「ホワイトパス&ユーコンルート」鉄道では、蒸気機関車が運転されゴールドラッシュ時代を偲ぶことができる。

　アラスカの夏は短い。概ね5月末から8月末までの3カ月だ。日本と同じと思いきや、アラスカの春と秋はとても短くて1週間ほど。他の季節は厳寒の冬である。北米大陸の最北の鉄道「アラスカ鉄道」の、アンカレジ〜フェアバンクス間に毎日列車が走るのも夏のシーズンに限られる。2階建て展望車や食堂車、ラウンジカーなどを連ねた13両編成の「デナリ・スター号」だ。一方、冬季は、食堂車、コーチ（座席車）2両、荷物車の4両編成で、それも週1往復の「オーロラ号」と月に1度の「ハリケーン・ターン号」のみ。両列車は、タルキートナ〜ハリケーン間でフラッグ・ストップが行われる。その間は並行する道路がなく鉄道が生命線。沿線住民のために旗を振ると列車が停車するサービス停車が今も行われているのだ。

　アメリカ人はアラスカを「ザ・ラスト・フロンティア」と呼ぶ。地球上に残された最後の辺境というわけだ。2014年で開業100周年を迎えたアラスカ鉄道は、まさにフロンティア・スピリッツにあふれた鉄道である。

いくら乗っても均一料金

ゴムタイヤの地下鉄

メキシコ　**メキシコ・シティー・メトロ**

たくさんのお客さんが乗車するメキシコ・シティー・メトロ。

2本のレールの外側の幅の広い鉄板がタイヤの載る場所。

DATA

■**鉄道名**／メキシコ・シティー・メトロ
■**運行区間**／ブエナビスタ～シウダード・アステカなど11路線の201.7km
■**その他**／例えば「カテドラル駅」なら「大聖堂」というように、175の全駅に駅名とともにイラスト付き。スペイン語が苦手な旅行者の心強い味方だ。

メキシコの首都メキシコ・シティーは、標高2240mに位置する高原の都市。なので、ちょっと走っただけでもすぐに息が切れてしまう。そんな時は、無理をせずゆっくりと歩いたり、乗り物に乗ることも大切なことなのだ。

メキシコは物価が安いこともあって、電車やバス、タクシーなどの公共交通機関の料金もとても安く設定されている。メキシコ・シティーの地下鉄、運賃はいくらだとお思いだろうか？　均一料金といって、一駅乗っても終点まで乗っても同額で、大人1回5メキシコペソ。日本円に換算すると、約40円だ。地下鉄の料金としては、世界一安いそうだ。

おや、地下鉄はゴムタイヤだ。日本では、札幌の地下鉄がゴムタイヤだが、方式がちょっと違うようだ。札幌ではゴムタイヤのみで走行するが、メキシコは、2本のレールに鉄の車輪までは普通の列車と同じで、その他に駆動用（加速や減速用）のゴムタイヤがある。そのせいか自動車のように加速がいい。地下鉄電車は、速く走っても息切れしないようである。

太平洋と大西洋を結ぶ

運河を支える重要路線

パナマ　**パナマ運河鉄道**

見晴らしの良いドーム展望車。

パナマ運河鉄道の先頭に立つアメリカ製のディーゼル機関車。

DATA

■鉄道名／パナマ運河鉄道
■運行区間／パナマシティ～コロンの77㎞
■所要時間／1時間
■その他／パナマ運河で活躍中の日本製小型機関車は、歯形のレールに歯車を噛み合わせて走るラック式鉄道なので、小型でも巨大な船を牽引できる。

南北アメリカ大陸の接点に位置する国がパナマである。地図を見るとよく分かるが、本当に狭い。パナマの西海岸は太平洋、東海岸は大西洋だ。西海岸から東海岸まで一番近いところで約65㎞。この間を船が航行できるように開削し、1914年に完成したのがパナマ運河だ。運河開通によって、太平洋と大西洋を行き来する船舶は、時間がかかる南米大陸の最南端経由ルートから解放されたのであった。

ところで、パナマ運河に沿って鉄道が走っている。「パナマ運河鉄道」だ。開業は1855年。運河が開通する59年も前から、太平洋岸のパナマ港に着いた船客や荷物などを大西洋岸のコロン港まで運んでいるのである。パナマ運河を船が通過するのには待ち時間も含め何時間もかかるので、鉄道のほうが速いからだ。

太平洋岸のパナマシティ駅を発車した列車は、ちょうど1時間で大西洋岸のコロン駅に到着。その帰り、パナマ運河を観光船で通過した。すると、運河の水門で日本製の小型機関車が、大きな貨物船をロープで牽引していた。

おんぼろ鉄道には理由がある

50年代の車両が力走

キューバ　**カーサブランカ線**

電車通学のキューバの子供たち。

驚くほどボロボロなキューバ国鉄の電車。

DATA

■**鉄道名**／キューバ国鉄・カーサブランカ線
■**運行区間**／ハバナ～マタンサスの92㎞
■**所要時間**／約2時間50分
■**その他**／キューバでは製糖産業が盛んだが、サトウキビの収穫時期には蒸気機関車が大活躍する。その昔、蒸気機関車の燃料はサトウキビの搾りかす、バガスだった。

カリブ海に浮かぶ島国キューバで、列車に乗ろうと思ったら、あまりにもボロボロでびっくりしてしまった。座席からはスプリングが飛び出している。運転台はもちろんあるが、スピードメーターは壊れていて針もない。こんなことで走るのだろうか？　修理中の鉄道マンに聞いてみれば、スペイン語で「マニャーナ」と言われた。マニャーナとは明日のこと。つまり、「明日になれば走るよ！」。

なぜ、ボロボロなのだろうか？　1959年の革命以来、キューバは社会主義を貫いてきた。そのため、アメリカ最南端のフロリダ半島から、わずか145㎞しか離れていないにもかかわらず、反社会主義のアメリカとの国交はほとんどなかった。アメリカ人とキューバ人は自由に行き来できず、食品や工業製品、自動車も鉄道車両も、部品すら輸出入できなかったのである。その結果、今でもキューバには、1950年代に作られた自動車や鉄道車両が何度も修理を重ねながら走っているのである。両国が一日も早く仲良くなって、国交が回復するといいと思う。

標高4319mを走る

世界一酸素の薄い車内

ペルー　アンディアン・エクスプローラー号

間もなく標高4319mのララヤ峠駅に到着。

DATA

■列車名／アンディアン・エクスプローラー号
■運行区間／クスコ～プーノの385km
■所要時間／9時間50分
■その他／列車の車窓からは、アンデス山脈の風物詩アルパカの放牧風景が眺められる。標高4000mを超える高地だからこそ、最高級の毛皮が育まれるのだ。

世界一標高の高いところを走る鉄道は、中国の青蔵鉄道（標高５０７２ｍ）だが、その車両は航空機メーカーが製造した窓が開かない気密構造で、酸素発生装置の付いた特別な列車だった（20ページ参照）。飛行機のように空気が薄い場所でも息苦しくならない。

では、窓の開く一般的な列車が走る世界一高い鉄道はどこだろうか？ それが南米ペルーの「アンディアン・エクスプローラー号」だ。古代インカ帝国の首都のあったクスコと、チチカカ湖畔の港町プーノとを結ぶ列車だが、途中で通過するララヤ峠が、標高４３１９ｍもあり、２００６年に中国の青蔵鉄道が開

高山病で具合の悪くなったお客さんに酸素吸入。

標高4319mのララヤ峠駅に到着。

通するまでは、世界一標高の高い鉄道であった。

私は始発駅のクスコから乗車した。窓は開くし、最後部の展望車はオープンデッキで窓ガラスもない。最高地点のララヤ峠では息苦しくならないか心配したが大丈夫だった。中には、高山病で具合が悪くなり、酸素吸入を受けて元気になったお客さんもいた。スペイン語で「酸素をお願いします」は、「オキシヘノ・ポルファボール」。覚えておくと安心だ。

ララヤ峠駅では民芸品が販売される。

遺跡への唯一の交通手段

マチュピチュ行きの列車

ペルー　**ハイラム・ビンガム号**

クスコの名物料理クイの丸焼き。クイとはネズミのこと。

ウルバンバ川に沿って走るハイラム・ビンガム号。

DATA

■列車名／ハイラム・ビンガム号
■運行区間／ポロイ〜マチュピチュの約9km
■所要時間／3時間20分
■その他／ウルバンバ川は世界最大の大河アマゾン川の源流の一つ。激流で知られ下流にあるトロントイ峡谷ではわずか30kmの間に1000mも急降下する。

世界遺産「マチュピチュ遺跡」。ペルーの山岳地帯、ウルバンバ渓谷にあるインカ帝国の要塞都市で、断崖絶壁の山上にあることから空中都市とも呼ばれてきた。

マチュピチュ遺跡への玄関都市はクスコだが、クスコからマチュピチュへの交通は鉄道のみ。ウルバンバ渓谷があまりに険しく、道路は途中までしかない。したがって、誰しもがペルー鉄道を利用する。列車もエコノミーなタイプから、食事付きの豪華列車まであるが、私が乗ったのは「ハイラム・ビンガム号」だった。

クスコのポロイ駅を発車し、濁流のウルバンバ川に沿って走ること3時間20分。列車は駅もホームもない土産物店の前で停まった。そこがマチュピチュ駅だった。待っていたバスに乗り換えて坂道を上る。坂道の名前は、列車名と同じ、ハイラム・ビンガム道路。1911年7月、この遺跡を発見したのがアメリカの歴史学者ハイラム・ビンガムだったのである。18個目のカーブを曲がると、目の前に壮大なマチュピチュ空中都市が現れた。

山頂のキリスト像を目指す

終点はリオの絶景

ブラジル　**コルコバード登山電車**

コルコバードの丘のキリスト像。

民家の軒先をかすめるようにして走る登山電車。

DATA

■**鉄道名**／トレム・ド・コルコバード
■**運行区間**／山麓駅～コルコバードの丘の約8km
■**所要時間**／20分
■**その他**／ブラジルでは空き地などで子供たちが盛んにサッカーをしている。かつて鹿島アントラーズの選手や日本代表の監督を務めたジーコさんは、リオ出身。

リオのカーニバルで有名なブラジルのリオ・デ・ジャネイロ市は、海に突き出た岩山など、複雑な地形の海岸線が特徴の港町だ。ガレオン国際空港に夕刻到着し、コパカバーナ・ビーチのホテルに泊まった私は、市街地の背後に聳《そび》える岩山にびっくり。なぜなら、頂上に大きな十字架が建っていたからだ。よくぞ、あんな高いところに十字架を建てたものと感心した。

翌日は市内観光。まず登山電車に乗ってコルコバードの丘へ向かった。登山電車はスイス製で、2本のレールの間のラックレールに、登山電車の歯車を噛み合わせて急勾配を上るリッゲンバッハ式だ。山麓駅を出発し、時には民家の軒先をかすめ、時には鬱蒼《うっそう》と樹木が茂る森の中を上ること20分。ついに標高710mの終点、コルコバードの丘に到着した。目の前に高さ約30mの巨大なキリスト像が立っている。眼下には私のホテルのあるコパカバーナ・ビーチも見える。

「あ！」私は声をあげた。昨日、コパカバーナから見た岩山と十字架は、ここ、コルコバードの丘に立つキリスト像だったのである。

南米大陸最南端を目指す

日本から一番遠い終着駅

アルゼンチン　オールド・パタゴニア急行

日本から一番遠い終着駅エスケル。

DATA

■列車名／オールド・パタゴニア急行
■運行区間／ナウエルパン～エスケルの19㎞
■所要時間／1時間15分
■その他／線路幅750㎜のナローゲージ（狭軌鉄道）で、SLはアメリカ製とドイツ製が活躍している。旅行記『古きパタゴニアの急行列車』は翻訳され日本でも出版された。

日本から一番遠い国が、南アメリカ大陸のアルゼンチンだ。どのくらい遠いかといえば、成田空港からアルゼンチンの首都ブエノスアイレスまで飛行機で約24時間、ほぼ丸一日かかる。

けれども、私の目的地はブエノスアイレスではない。そこから国内線の飛行機で2時間以上飛び、さらにレンタカーで300㎞ほど走ったチュブット州エスケル駅が目的地だ。そこには、南アメリカ大陸最南端、つまり日本から見たら最も遠いところを走る「オールド・

力走する蒸気機関車。背後に雪のアンデス山脈。

パンパ(大草原)を走行する1922年生まれの蒸気機関車。横に牛がいる。

パタゴニア急行」が走っている。

日本語に訳したら「古きパタゴニアの急行列車」となるが、実はイギリスの作家ポール・セルーの旅行記の題名にもなった有名な列車である。でも、アルゼンチンはスペイン語が公用語なので、現地では「ビエホ・エクスプレッソ・パタゴニコ」と発音する。かわいらしい響きである。

オールド・パタゴニア急行はパンパ（大草原）を駆け抜けエスケル駅に到着した。この駅こそ、日本から一番遠い終着駅なのである。

デッキで遊ぶ子供たち。

アメリカ大陸横断鉄道

アメリカで最もアメリカらしい重厚長大な列車といえば、「大陸横断鉄道」で決まりだ。

アムトラック（全米鉄道旅客輸送公社）では現在、4ルートに大陸横断特急を運行しているが、パーフェクトにアメリカ大陸を横断する列車はなく、いずれも北のシカゴか、南のニューオリンズで乗り換えとなるが、どのルートを通っても、西海岸から東海岸までの所要時間、いや所要日数は車中3泊4日、つまり西海岸をスタートした場合は、4日目に大西洋を望むことができる。

それでは、大陸横断特急を北から順に紹介しよう。

まずは、最も北寄りのルートをたどるのが「エンパイア・ビルダー号」で、シアトル、ポートランドとシカゴとを結び、カナダとの国境も近いグレイシャー国立公園に沿って走る風光明媚《めいび》なルートである。続いて、「カリフォルニア・ゼファー号」は、サンフランシスコ郊外のエミリービルとシカゴを結ぶ。シエラネバダとロッキーの二大山脈越えがハイライトだ。「サウスウエスト・チーフ号」は、ロサンゼルスとシカゴとを幌馬車時代の大陸横断ルートに沿って走る。沿線には西部劇の世界が広がる。そして、最も南寄りのルートで時にはメキシコとの国境線近くを走るのが「サンセット・リミテッド号」。区間はロサンゼルス～ニューオリンズ間である。

その他、西部の大陸横断特急に接続し、東海岸へと向かう列車が、シカゴ発ニュ　コ　ク、ボストン行「レイクショア・リミテッド号」。

シカゴ発ワシントンD.C. 行が「キャピトル・リミテッド号」。

最後にニューオリンズ発ニューヨーク行「クレッセント号」である。

3泊4日かけて大陸を横断する気分は格別なものがあり、アメリカの広さを実感するのに、これほど相応しい乗り物は他にない。

第5章

オセアニア編

OCEANIA

パッフィングビリー鉄道

キュランダ・シーニック鉄道

全長478km！

世界最長の一直線

オーストラリア　**インディアン・パシフィック号**

インディアン・パシフィック号のトレードマークはイーグル。

DATA

■**列車名**／インディアン・パシフィック号

■**運行区間**／シドニー～パースの4352km

■**所要時間**／65時間15分

■**その他**／ナラボー平原のほぼ中央にクック駅がある。30分間ほど停車し、燃料を補給したり乗務員が交代する。クックの住民は鉄道員とその家族だけである。

鉄道の直線区間、日本では北海道の室蘭本線白老《しらおい》～沼《ぬま》ノ端《はた》が全長28・7km一直線で日本一だが、世界一はオーストラリアのナラボー平原を貫く全長478kmである。478kmがどのくらいの距離か、日本地図の上にコンパスを当ててみた。東京駅から一直線だと、大阪や神戸のさらに先の姫路付近。想像してみよう。東京から姫路まで線路が一直線ということを。その間カーブがないということは、障害物の山や川や谷、町や

インディアン・パシフィック号の機関車に乗って記念撮影。

インディアン・パシフィック号の運転席から見た世界最長の一直線。

家もないということである。

ここを走る列車が、大陸横断特急「インディアン・パシフィック号」だ。始発駅のシドニーが太平洋岸、終点のパースはインド洋に面していることから「インディアン・パシフィック」と名付けられた。シドニー〜パース間は4352km、所要日数は3泊4日。そして、ナラボー平原の478km一直線区間は、およそ11時間かけて通過する。

車窓風景は360度真っ平ら、気温は40度以上という灼熱《しゃくねつ》の砂漠地帯だが、カンガルーやエミュー、イーグルなどが生息している。

食堂車にてランチのサービス。

豪州版薩摩守《さつまのかみ》電車

運賃フリーの環状線

オーストラリア　MET

レストラン電車でワインを楽しむ乗客。

フリンダース通り駅前を行くMETシティサークル。

DATA

■**鉄道名**／MET（メルボルン都市交通局）
■**運行区間**／メルボルン都市エリアの約250km。シティサークルは5.7km
■**所要時間**／30〜40分
■**その他**／METには、「コロニアル・トラムカー・レストラン」というレストラン電車も走っている。車内でランチやディナーが楽しめるが、こちらは有料。

オーストラリア第2の都市メルボルンでは、世界でも有数の規模を誇る路面電車が活躍している。「MET（メット）」の愛称で親しまれている、メルボルン市電（トラム）である。

METの路線は全長約250kmだが、市の中心部には、一周約5・7kmの「シティサークル」と呼ばれる環状線がある。この環状線をグルグル回るトラムには、切符もなければ料金箱もない。その代わり、英語で「FREE《フリー》」と書いてある。無料なのだ。

世界広しといえども、大人も子供も誰しもが無料という電車は、ちょっと他にはないのではないだろうか？

しかも、トラムが停車する電停ごとに、「次は、ヴィクトリア州議事堂です。元国会議事堂です」といったアナウンスもあるので、車窓から観光もできる。降りる電停を間違えても大丈夫。環状線なので、そのまま乗っていれば同じ場所に戻ってくれる。その場合の、乗り越し料金はどうなるか？「シティサークル」は、何周乗っても無料なのである。

世界有数の山岳峡谷を行く

ニシキヘビの列車

オーストラリア　**キュランダ・シーニック鉄道**

ニシキヘビ模様のディーゼル機関車。

最大の難所だったストーニークリーク鉄橋。

DATA

■**鉄道名**／キュランダ・シーニック鉄道
■**運行区間**／ケアンズ～キュランダの33㎞
■**所要時間**／1時間55分
■**その他**／クイーンズランド州にはコアラが生息している。州によって法律が異なるが、クイーンズランド州では合法的にコアラを抱っこできる。

オーストラリアの鉄道といえば、国土面積が日本の20倍以上もあることから、大平原を驀進《ばくしん》する大陸横断鉄道のイメージがぴったりだが、実際には、世界でも有数の山岳峡谷鉄道も存在している。クイーンズランド州の熱帯雨林を走る「キュランダ・シーニック鉄道」もその一つ。

起点のケアンズ駅から終点のキュランダ駅までは全長33㎞足らずだが、難工事のため5年もの歳月がかかった。特に、レッドリンチ～キュランダ間には、ストーニークリーク滝やレッドロックの断崖絶壁があって、15のトンネルと93のカーブをもってようやく開通した。開通式では最大難所だったストーニークリーク鉄橋の上に、ご馳走《ちそう》とお酒がずらりと並べられたという。

開通から120年以上経つが、毎日2往復運行されている。先頭のディーゼル機関車には、ニシキヘビのイラストが描かれている。93のカーブを通過中、窓から列車を眺めると、まるでヘビのように身をくねらせて走っているではないか。オーストラリアの先住民アボリジニにとって、ニシキヘビは聖なる動物である。

窓枠乗車はオージー流

オーストラリア初の保存鉄道

オーストラリア　パッフィングビリー鉄道

メカニカルな蒸気機関を操作する機関士。

ティンバートレッスル（木製橋）に差し掛かるパッフィングビリー鉄道。

DATA

■鉄道名／パッフィングビリー鉄道

■運行区間／ベルグレイブ～ジェムブルックの25km

■所要時間／1時間50分

■その他／パッフィングビリーとは、現存する世界最古の蒸気機関車の名前で、ロンドンの国立科学博物館に保存されている。名機の名を冠したSL保存鉄道だ。

オーストラリア初の保存鉄道「パッフィングビリー鉄道」を紹介しよう。場所は、ヴィクトリア州の州都メルボルンの郊外約40kmのダンデノン山中だ。

午前10時30分、パッフィングビリー鉄道一番列車の発車時刻である。先頭の蒸気機関車は、1901年にアメリカで製造されたC形タンク機関車。続いて赤い客車を10両ほど連結しているが、車内に入って驚いてしまった。ちゃんと座席があるのだが、大人も子供も窓枠に座っているのである。日本なら注意されるところだが、ここではOKのようだ。これがパッフィングビリー流ならばと、私も真似てみた。最初は危ないかなと思ったが、鉄のアームがストッパーの役目をしているから大丈夫。それより、何て愉快な乗り方なのだろう。

機関車がハスキーな汽笛を鳴らすと出発だ。しばらくユーカリの森を進む内に、鉄橋に差し掛かった。橋の下を見た途端、私は恐くなって窓枠から降りてしまった。すると、「おじさん、大丈夫？」と、隣の男の子に笑われた。

市民の力で生き残った
世界最南端鉄道

ニュージーランド　**タイエリ峡谷鉄道**

ブルーム（エニシダ）咲くタイエリ峡谷を行く列車。

世界最南端の終着駅ダニーデン駅。

DATA

■**鉄道名**／タイエリ峡谷鉄道
■**運行区間**／ダニーデン～ミドルマーチの77㎞
■**所要時間**／2時間25分
■**その他**／ダニーデン市は、イギリスのスコットランドからの移民開拓者によって市街地が作られた。そのため、スコットランド風の建物が多数残っている。

ニュージーランドの南島には、世界最南端の旅客鉄道が走っている。その名は「タイエリ峡谷鉄道」。ニュージーランドで最も美しいといわれるダニーデン駅と、内陸のミドルマーチ駅とを結ぶ全長77㎞の観光鉄道だ。車窓には、羊や馬が草を食《は》む牧場が広がり、その先には背筋がゾクゾクするような峡谷が展開する絶景鉄道である。よくぞこのような険しい谷に鉄道を敷設したものだと感心するばかりだ。

この鉄道は国鉄線だった22年前、赤字のために廃止されることになった。ダニーデンの市民は、何とかこの鉄道を救おうと立ち上がった。けれども、鉄道を救おうにも市に予算はない。そこでダニーデンの市長は、「市民が１００万ドル（約1億円）の資金を調達するなら、タイエリ峡谷鉄道を存続させましょう」と約束したのである。その話に、集まった寄付金は何と１２０万ドル。市長はマニフェストを実行し、鉄道を存続させたのである。そのおかげで、22年後の今日も、タイエリ峡谷鉄道の旅が楽しめるというわけだ。

サザン・アルプスを横断する
NZの人気No.1列車

ニュージーランド　トランツ・アルパイン号

標高737mのアーサーズパス駅で記念撮影。

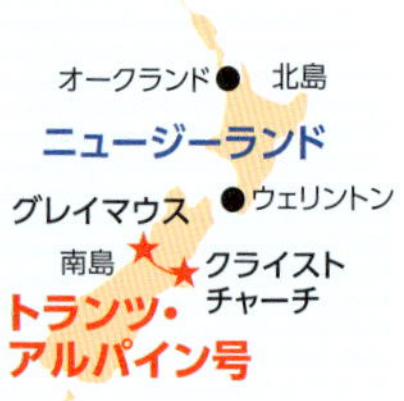

DATA

■**列車名**／トランツ・アルパイン号
■**運行区間**／クライストチャーチ〜グレイマウスの231km
■**所要時間**／4時間30分
■**その他**／ニュージーランドの線路幅は、JR在来線と同じ1067mmの狭軌である。このゲージは、日本、ニュージーランド、南アフリカ、オーストラリアの一部など世界的に少数派。

北島と南島。ニュージーランドは、二つの大きな島から成りたっているが、北島のほうが暖かくて南島は寒いという、日本とはあべこべの現象がしばしば見られる。例えば、北風は暖かくて、北向きの部屋は日当たりがいい。正午の太陽は北の空にあることなども面白い。

　さて、ニュージーランドで最も人気の高い列車が、南島を横断する「トランツ・アルパイン号」だ。他の列車が、いずれも2〜3両編成のニュージーランドにあって、この列車だけが10両編成以上なのである。いかに人気が高いか分かろうというもの。

　始発駅は、南島の中心都市クライストチャーチ。毎

最高地点のアーサーズパス駅に停車中のトランツ・アルパイン号。

サザン・アルプスの大峡谷を行くトランツ・アルパイン号。

朝8時15分に発車する。ガーデンシティと呼ばれる美しい市街地を後に、カンタベリー平原を突き進む。羊や牛や馬が草を食む大草原地帯だ。やがて、スプリングフィールド駅を過ぎると、正面に雪を頂く高峰が現れた。標高3000m級のサザン・アルプスだ。

雄大な景色を撮影しようと、私はオープンデッキの展望車に移動した。窓ガラスがないので撮影には最適。けれど寒い！　南島は北島より寒いことを実感した。

展望車から大峡谷を撮影。

column

オーストラリアは3ゲージ

オーストラリアは、日本の国土面積の実に20倍以上もあり、1カ国で1大陸を占めるというすこぶるスケールの大きな国だが、その大きさゆえに、各州の鉄道がまちまちのゲージ（線路幅）で敷設されてしまったという、笑うに笑えない鉄道建設史が刻まれている。それでは、東から順に、各州のゲージを並べてみよう。

- クイーンズランド州　1067㎜
- ニューサウスウェールズ州　1435㎜
- ヴィクトリア州　1600㎜
- 南オーストラリア州　1067㎜、1435㎜
- 西オーストラリア州　1067㎜、1435㎜

と、見事に、狭軌、標準軌、広軌が入り乱れる結果となった。これは、国土が広大なだけに、遠い他州のゲージを考慮せず各々、最適なゲージで鉄道を敷設した結果というわけだが、ヴィクトリア州のみ1600㎜という特殊な広軌になった理由は、英国ではなくアイルランドの鉄道技術によって作られたからである。

日本でもJR在来線と新幹線のように、ゲージが異なることほどやっかいなことはない。列車が直通運転できないからだ。オーストラリアでは各州境で乗り換えを強いられることになったが、それでは不便ということで政府の主導により標準軌化工事が行われ、1970年にようやく、シドニー～パース間の大陸横断鉄道が全線標準軌となり、大陸横断特急「インディアン・パシフィック号」が直通運転されるようになった。

一方、大陸縦断鉄道は、1067㎜の狭軌で1929年にアデレードからアリススプリングスまで開業したものの、なかなか全線開通に至らず、実に75年後の2004年に、ダーウィンまでの全線が1435㎜の標準軌で開通した。75年もかかるとは、やはりオーストラリアらしいスケールの大きな話である。

第6章

ヨーロッパ編

ホールン・メデンブリック鉄道

ベルニナ急行

EUROPE

世界一の歴史を誇る国際列車
豪華列車の代名詞

ヨーロッパ国際　**オリエント急行VSOE**

終着駅ベニスに到着したオリエント急行VSOE。

DATA

■列車名／VSOE（ベニス・シンプロン・オリエント急行）
■運行区間／ロンドン～パリ～ベニス（定期運行）の約1750km
■所要時間／約30時間
■その他／歴史的な豪華列車だけに、服装や靴にも気を付ける必要がある。夕食時以降は男性はタキシード、女性はイブニングドレスなどを着用する。

「オリエント急行」といえば、豪華列車の代名詞といわれるほど有名だが、歴史的には世界最初の国際列車として誕生している。今から131年前、1883年のことだ。豪華な列車は、お金をかければ作れるが、国際列車は、政治も経済も宗教も異なる各国の国鉄の線路を直通するだけに、交渉は大変だった。列車に乗ったまま次々に国境を越えて旅行するという夢を実現したのが、ベルギーの若き実業家ジョルジュ・ナヘルマッカーズ。オリエント急行の生みの親だ。

当時の始発駅はフランスのパリ、終点はトルコのコ

夜間は2段ベッドになるソファー。

白銀のアルプスを背後に望みつつベニスを目指す。

ンスタンチノープル（現在のイスタンブール）だった。

それから131年後の今日、オリエント急行は「VSOE（ベニス・シンプロン・オリエント急行）」という列車名で運行されている。現在の定期運行区間は、イギリスのロンドン始発、パリ経由イタリアのベニス行きだが、年に1回だけベニスからスロベニア、クロアチア、ブルガリア、ルーマニアなどを経由して、イスタンブールまで特別運行される。その乗車料金は、約100万円。やはり、オリエント急行は豪華列車なのである。

ランチには伊勢海老などのご馳走が並ぶ。

時速300㎞

3国を結ぶ国際列車

イギリス〜フランス〜ベルギー　**ユーロスター**

ユーロスターのアテンダント。

最高時速300㎞で疾駆するユーロスター。

DATA

■列車名／ユーロスター
■運行区間／ロンドン〜パリの492㎞、ロンドン〜ブリュッセル
■所要時間／2時間15分
■その他／ロンドン・セントパンクラス駅とオリンピックのメーン会場最寄りのストラトフォード国際駅間は、日本製の高速電車オリンピック・ジャベリンが結んだ。

２０１２年７月、取材でフランスのパリに滞在していた私は、オリンピック開幕直前のロンドンまで足を延ばすことにした。

乗車したのは、パリ北駅を10時13分に発車する「ユーロスター」。フランスとイギリスの間をノンストップで結ぶ国際列車だ。そのため、乗車前にパスポートのチェックと、手荷物のX線検査が行われる。鉄道だが、飛行機に乗るかのようである。

パリを発車するとグングン加速し、最高時速３００㎞のハイスピードで疾駆する。約１時間後、全長49・２㎞のユーロトンネルに入った。日本の青函トンネル（53・８５㎞）に次いで世界第２位の長さの海底トンネルだ。

およそ20分後、ユーロトンネルを抜けると、そこはもうイギリスだった。やがてロンドンの街並みが現れ、再びトンネルに吸い込まれると到着のアナウンスが流れた。ロンドンのターミナルは、セントパンクラス駅。ホームに降り立つと、頭上には大きな五輪のマークが。ロンドンはオリンピックのムードに彩られていた。

時速20kmから46kmへ

人より速い！ 初の蒸気機関車

イギリス　**ロケット号**

鉄道の父、ジョージ・スチーブンソン像。

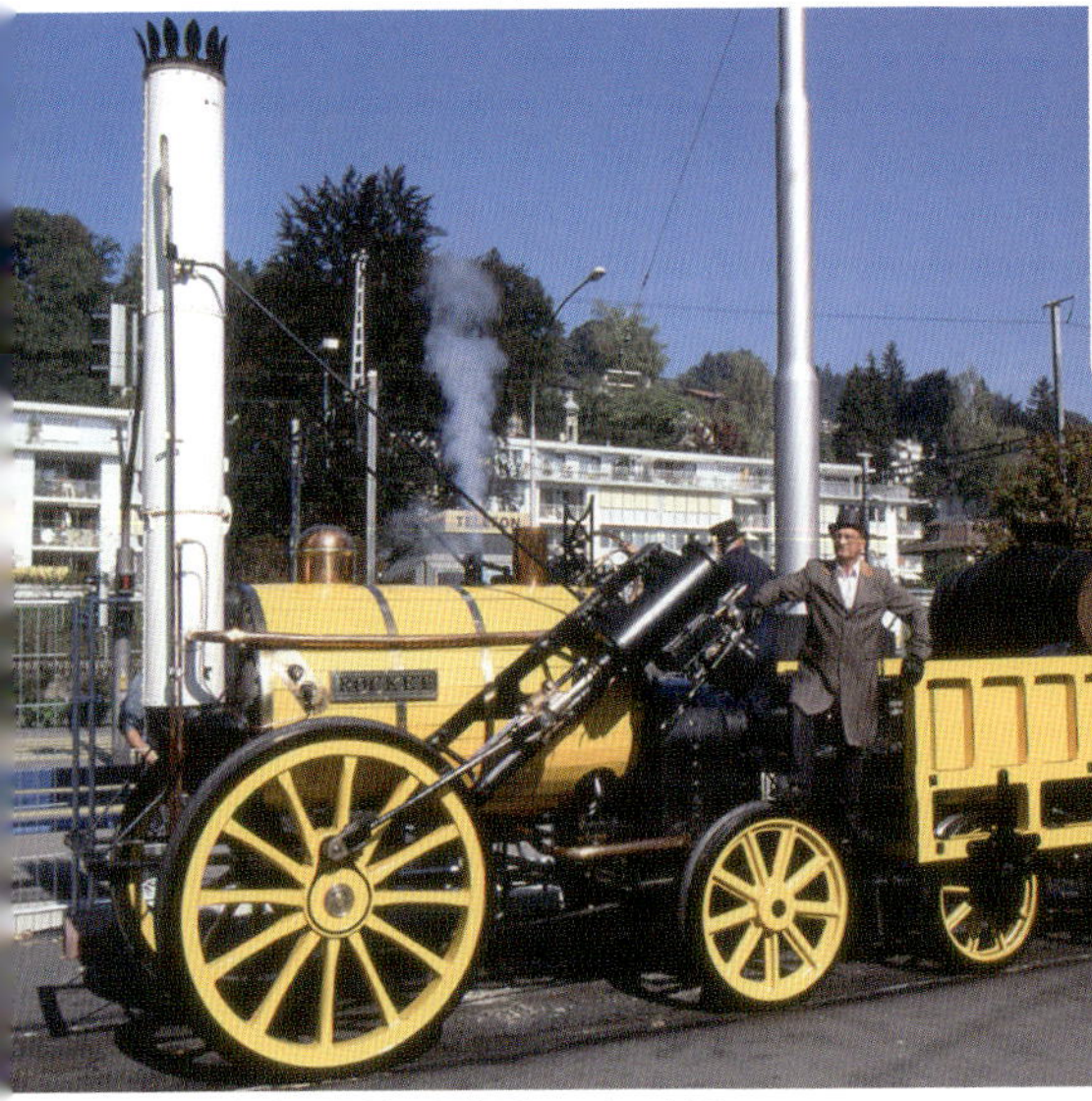

当時の服装で運転するロケット号。

DATA

■列車名／ロケット号
■運行区間／リバプール～マンチェスターの約56km
■その他／ロケット号の実物は科学博物館、復元動態保存機はヨーク国立鉄道博物館などに保存されている。後者は大阪万博の際、来日した。

１８２５年にイギリス人鉄道技師スチーブンソンにより開業された、ストックトン・ダーリントン鉄道では、蒸気機関車「ロコモーション号」が活躍したが、最高時速は約20km（マラソン選手が走るスピード）で、もっぱら貨物専門列車だった。なぜなら、乗客たちは蒸気機関車を信用せず、馬が引っ張る「馬車鉄道」に乗ったからだ。

その5年後の１８３０年、やはり、スチーブンソンによって開業されたのが、リバプール・マンチェスター鉄道である。新しい蒸気機関車の名は「ロケット号」。この5年間に性能もアップし、試験走行では最高時速46kmで走ったという。もう人間は追い付けない。今度は開業式当日からたくさんの人が乗車した。初めて人間に認められた蒸気機関車が「ロケット号」であり、リバプール・マンチェスター鉄道は世界最初の旅客鉄道になった。

「ロケット号」は、イギリスのヨークにある国立鉄道博物館に展示保存されている。世界最大級の鉄道博物館である。

線路幅381㎜

世界最小の公共鉄道

イギリス　ロムニー鉄道

小さいが、時速40kmで走る。

DATA

■鉄道名／RHDR（ロムニー・ハイス&ディムチャーチ鉄道）
■運行区間／ハイス～ダンジェネスの21.7km
■所要時間／1時間10分
■その他／ロムニー鉄道と同じ15インチゲージの鉄道は世界9カ国で走っているが、日本では静岡県伊豆市にある修善寺虹の郷の「伊豆ロムニー鉄道」で乗車できる。

世界一小さな鉄道がイギリスのケント州を走っている「ロムニー鉄道」である。線路の幅はたったの381㎜（15インチ）。JRの在来線が1067㎜、新幹線は1435㎜なので、いかに小さいかが分かる。何しろ、客車の屋根の高さが大人の背よりも低いのだから、本当にかわいらしい列車だ。

けれども、ロムニー鉄道は遊園地のミニ鉄道ではない。イギリスの交通省監督下の、れっきとした公共鉄道なのである。路線は全長21・7㎞で、東京駅から神

機関士がガリバーのように大きく見える。

ニューロムニー駅にて出発準備中。

奈川県の鶴見駅ほどあり、最高時速も40㎞なので立派なものだ。
いったい誰がこのような小さな鉄道を考えたのだろうか？　その人の名は、アーサー・ヘイウッド卿。イギリス人だ。彼は今から88年前の1926年、大人2人が並んで腰かけられ、安全に走行できる最小の鉄道作りに挑戦した。その結論が線路幅381㎜というわけだ。小さいので子供向けと思いきや、コーヒーやビールを販売するビュッフェ車両も連結されている。大人も大喜びである。

線路幅381㎜はこんなに狭い。

アルファベット58文字

世界一長い名前の駅

イギリス　スランヴァイア……ゴーゴーゴッホ駅

プラットホームの58文字。上段がウェールズ語、下段は英語。

スランヴァイア駅に到着したローカル列車ホリーヘッド行き。

DATA

■駅名／スランヴァイア……ゴーゴーゴッホ駅
■行き方／ロンドンよりホリーヘッド行き特急でバンゴー下車、各駅停車に乗り換え一つ目。ロンドンから約390km
■所要時間／約3時間30分
■その他／ウェールズ地方にはSL保存鉄道が多数ある。本駅の近くには、イギリス唯一のアプト式登山鉄道「スノウドン登山鉄道」が走っている。

日本一長い名前の駅といえば、一般の鉄道では、九州の熊本県を走っている南阿蘇鉄道の「南阿蘇水の生まれる里白水高原」駅が有名である。全部で14字、平仮名では22字だ。

では、世界一長い名前の駅は？　正解はイギリスのウェールズ地方にある、「ＬＬＡＮＦＡＩＲＰＷＬＬＧＷＹＮＧＹＬＬＧＯＧＥＲＹＣＨＷＹＲＮＤＲＯＢＷＬＬＬＬＡＮＴＹＳＩＬＩＯＧＯＧＯＧＯＣＨ」駅。何と、アルファベット58字！　すごい！

これだけ長いと、読むだけでも大変なので、鉄道員や地元の人たちは、最初の「ＬＬＡＮＦＡＩＲ」だけに省略し、「スランヴァイア」駅と呼んでいる。

おや？「Ｌ」で始まるのに「ス」はおかしい？　いいえ、これは英語ではなく、ウェールズ語なのである。日本語に訳すと、「聖ティシリオ教会の、赤土の洞窟のそばを流れる、急流にほど近い、白きハシバミの窪地に建つ聖メリー教会」駅となる。無人駅だが、駅前の売店で記念入場券や鉄道グッズを販売している。

レールが4本ある

世界最初の地下鉄

イギリス　**ロンドン地下鉄**

とてもよく目立つ地下鉄のマーク。

レールが4本あるロンドン地下鉄。

DATA

■鉄道名／ロンドン交通局「アンダーグラウンド」。愛称は「チューブ」
■運行区間／ベーカールー線など11路線の約400km
■その他／最低区間の運賃が日本に比べて高いが、紙の切符を少なくする、つまり資源節約のための政策だ。カードで乗れば日本の地下鉄とほぼ同額。

世界最初の地下鉄は、今から151年前の1863年に開業したロンドンの地下鉄である。まだ、電気で走る鉄道が発明される前のこと。蒸気機関車による地下鉄だった。

電化されたのは、1890年だ。ただし、ロンドンの地下鉄はニックネームが「チューブ」と呼ばれるように、トンネルの丸い断面ギリギリの車両サイズのため、屋根上にパンタグラフや架線を設置できない。そこで、3番目のレール「第3軌条」から電気をとることにした。日本でも、歴史の古い地下鉄では第3軌条が使われているが、ロンドンの地下鉄ではさらに電気を逃がす第4軌条も設置した。

写真を見て欲しい。2本の走行用レールの他に、ホームとは反対側に電気をとるレール（第3軌条）が、そして走行用の2本のレールの中央に電気を逃がすレール（第4軌条）が見える。つまり4本のレールがあるというわけだ。

ロンドンでは、「アンダーグラウンド」が地下鉄の正式名。「サブウェイ」は、サンドイッチ店や地下道のことである。

女王陛下ご乗車の豪華列車

ロイヤル・トレイン

イギリス　**ブリティッシュ・プルマン**

発着駅はロンドン・ヴィクトリア駅。

DATA

■列車名／ブリティッシュ・プルマン

■運行区間／例:ロンドン～フォークストンの往復226km

■所要時間／6時間45分で周遊

■その他／ブリティッシュ・プルマンは、ロンドン・ヴィクトリア駅発着で、主に英国南部の歴史的観光地への日帰りツアーを運行。フォークストンはその一例。

英国王室ともゆかりの深い、イギリスきっての豪華列車「ブリティッシュ・プルマン」を紹介しよう。始発駅は、女王陛下のお住まい、バッキンガム宮殿に最も近いロンドン・ヴィクトリア駅。この列車の指定発着ホームは2番線である。

午前10時、ピッカピカに磨き上げられた「ブリティッシュ・プルマン」が入線した。その気高い美しさに、駅全体が華やぐかのようである。着飾った紳士、淑女らが満面の笑みを浮かべて乗車する。この列車に乗車

ブリティッシュ・プルマンにはお洒落して乗車するのが習わし。

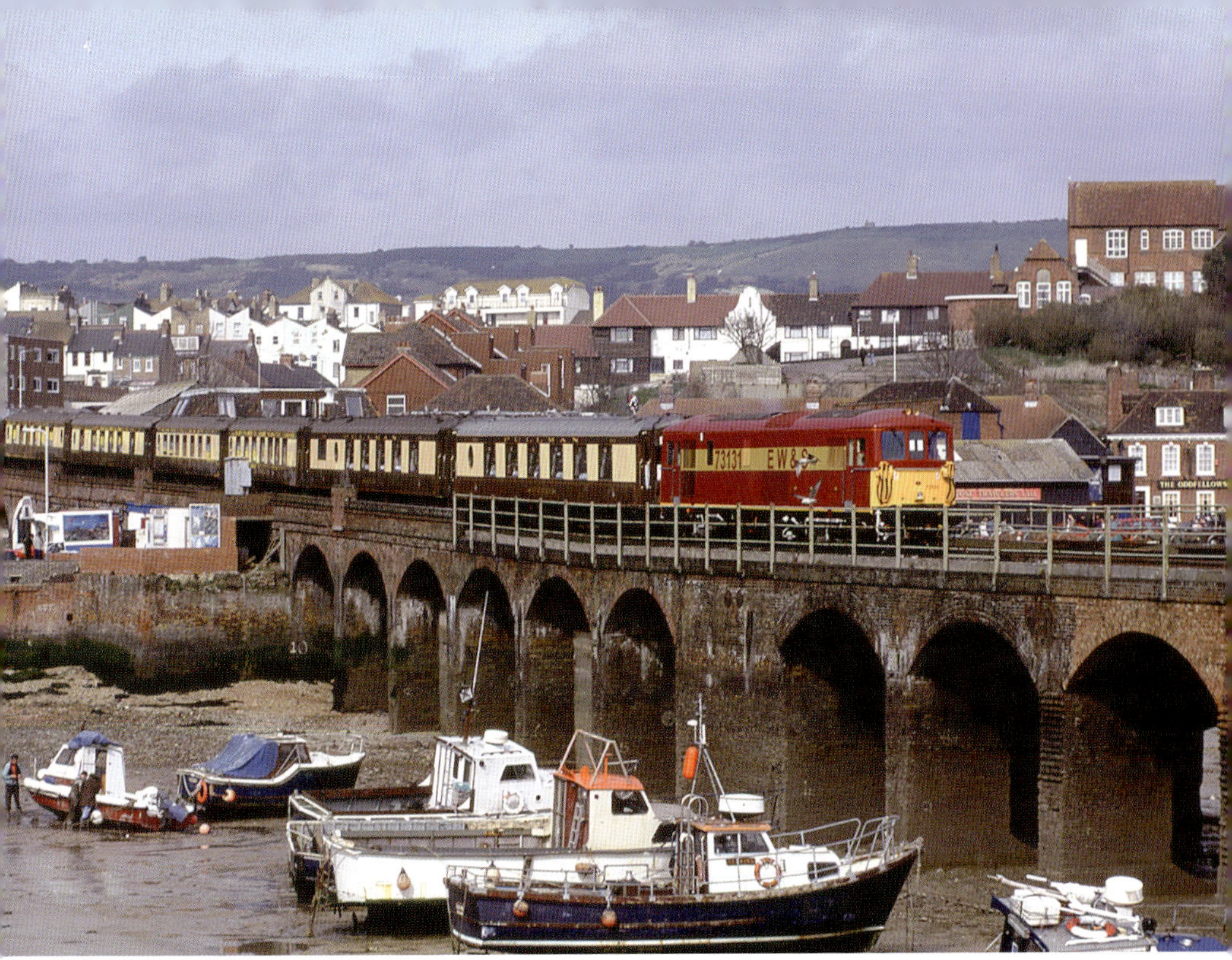
フォークストンの港を走るブリティッシュ・プルマン。

できる喜びを隠しきれない様子だ。もちろん、私も同じ気持ちである。

「ブリティッシュ・プルマン」は10両編成だが、1号車など号車番号がない代わりに、各車両に「ペルセウス号」「シグナス号」といった愛称が付いている。私の指定席は「ヴェラ号」だった。1932年製造のクラシックかつ豪華な車内には、こう記されていた。「1953年エリザベス女王ご乗車」。女王陛下が乗車された列車に乗れるなんて、夢のようである。気分はまるで王侯貴族。

美味しそうなランチが並ぶ。

鋼鉄の恐竜と呼ばれる

世界最大の鉄道橋

イギリス　**フォース鉄橋**

鉄橋通過中の列車から眺めたフォース湾。

列車が模型のように小さく見える世界最大のフォース鉄橋。

DATA

■鉄橋名／フォース鉄橋
■場所／エディンバラ郊外。スコッツ・レイル　ダルメニー～インバケーシング間
■全長／2528m
■その他／橋のスタイルは、菱形の塔が三つ連なったカンティレバー（片持梁）鉄橋。三つの菱形塔が恐竜の背中を連想させることから「鋼鉄の恐竜」と呼ばれる。

『ギネスブック』に掲載されている世界最大の鉄道橋が「フォース鉄橋」である。いったいどのくらい大きいのだろう。高さは海面から１１０ｍ。鉄橋の全長は２５２８ｍもあるという。鉄橋を渡る列車が見える。小さい。まるで鉄道模型？　細い鉛筆のようにも見えるが、これはれっきとした列車。鉄橋があまりにも大きいので、列車が小さく見えてしまうのだ。

　それでは、乗ってみよう。始発駅はイギリス北部スコットランドの都、エディンバラのウェイバリー駅。乗車するのは「スコッツ・レイル」の各駅停車ダンディー方面行きだ。エディンバラ・ウェイバリー駅発車後は、しばらくエディンバラ城を中心とする古い街並みを走っていたが、やがて田園地帯となり、約15分でダルメニー駅に停車した。列車の前方にはもう鉄橋の一部が見えている。

　ダルメニー駅を発車した直後、列車はフォース鉄橋に差し掛かった。窓の下はフォース湾、つまり海だ。素晴らしい眺め。橋の完成は１８９０年。今から１２４年も前とは驚きである。

新記録、時速203kmを樹立した

世界最速のSL

イギリス　**マラード号**

マラード号の運転席。

時速203kmの世界最高速を記録した蒸気機関車マラード号。

DATA

■**機関車名**／マラード号
■**保存場所**／国立鉄道博物館
■**所在地**／ロンドン・キングズクロス駅よりIC（特急）で約2時間。ヨーク駅下車、徒歩5分
■**その他**／「マラード（Mallard）」とは「マガモ」のこと。速そうな鳥ではないだけに意外なネーミングだが、イギリスには鳥の名の機関車が少なからずある。

何といってもイギリスは、鉄道発祥の国。なので、歴史的な鉄道や有名な蒸気機関車などがたくさんある。

さて、写真のブルーの流線形蒸気機関車は、「マラード号」だ。今から76年前の1938年に、北イングランドのドンカスター機関車工場で誕生した。実はその2年前の1936年、ドイツの「05形」蒸気機関車が時速200・4kmの世界最高速をマークし、ついに時速200kmの壁を破っていた。イギリスは、ドイツに負けじとより速い機関車を目指し、「マラード号」が誕生したのである。

その結果、1938年7月3日、時速203kmの新記録を樹立！　以来、今日まで蒸気機関車の世界最高速度の記録は、この「マラード号」が保持し続けている。

「マラード号」が展示されているのは、ロンドンの北約300kmに位置するヨークの「国立鉄道博物館」グレートホール。日本から海を渡ってイギリスに来た、「0系新幹線」も展示されている。

最高時速320㎞！

フランス自慢の高速列車

フランス　TGVライン・ローヌ線

疾駆するTGVデュプレックスの運転台。

DATA

■**鉄道名**／TGVライン・ローヌ線
■**運行区間**／ディジョン～ミュルーズの204㎞
■**所要時間**／1時間2分
■**その他**／TGVデュプレックスのライバルは、JR東日本の2階建て新幹線「E4系Max」だが、最高速度は240㎞なので、TGVのほうが断然速い。

日本の新幹線のライバルがフランスのTGV（フランス語で高速列車の頭文字）だ。２０１１年12月、フランス東部の都市で、ブルゴーニュ・ワインの産地として名高いディジョンから、スイスとの国境にも近い商工業都市ミュルーズまでの２０４㎞の区間に、新しいTGV路線が開業した。その名は、「TGVライン・ローヌ線」である。

私は、開業前の10月末、試運転列車に乗車した。ディジョン駅から乗車したのは、次ページ上の写真の「TGVデュプレックス」。デュプレックスとは2階建て

最高時速は320㎞にもなる。

ディジョン駅を出発する試運転列車TGVデュプレックス。

折りたたみ式のテーブルなど、ファミリー向けの設備も。

のこと。先頭と最後尾の電気機関車は1階だが、中間の客車8両はすべて2階建てになっている。内訳は、1等車3両、2等車4両、ビュッフェ1両、そして前後の電気機関車2両を合わせて10両編成だ。お客さんが多い場合は、さらに10両編成とドッキングし20両編成で走る。

ディジョンを発車後しばらくすると、「トワソンヴァン!」と、車内放送が流れた。トワソンヴァンとは、320のこと。最高時速320kmである。

流線形の格好良さが魅力

近未来型LRT

フランス　**ストラスブール・ユーロトラム**

円形ガラスシェルターの下で行き交うLRT。

1994年に誕生したストラスブール・ユーロトラム。全長は43m。

DATA

■**鉄道名**／ストラスブール・ユーロトラム
■**運行区間**／オートピエール・マイヨン～イルキリシュ・リュクサンブール他の12.5km
■**所要時間**／約35分
■**その他**／環境にも優しいLRTは欧米を中心に新路線が誕生しているが、日本では、「富山ライトレール」以降、残念ながら新規開業のニュースはない。

LRT（ライト・レール・トランジット）という言葉を聞いたことがあるだろうか？　辞書によれば、「低床車両、低騒音、高速化などを実現し、利便性を高めた新しい路面電車のシステム」とある。JRなど一般の鉄道は、重量級なのでヘビー・レール。それに対して路面電車は小型で軽いことからライト・レール。日本では、2006年に開業した「富山ライトレール」（富山県）が初のLRTといえるだろう。

一方、世界に目を向けると、1980年代ごろから欧米で新しいコンセプトの路面電車が誕生し始めたが、1994年、「これぞ未来のLRT！」とばかりに登場したのが、ストラスブール市電「ユーロトラム」だった。今でこそ、格好いいLRTは世界各地で活躍しているが、今から20年も前に、あたかも未来の乗り物を思わせる流線形の「ユーロトラム」が登場した時は驚いたものだ。格好の良さのみならず、LRTの走るストラスブール都心部は、自動車乗り入れ禁止になっているなど、歩行者とLRTを優先していることに感心する。

食事サービスが充実

国際超特急

ベルギー他　**タリス**

美味しくて栄養満点の朝食。

ワインレッドの車体が印象的なタリス。車内インテリアも同色でモダン。

DATA

■**列車名**／超特急「タリス」
■**運行区間**／パリ〜ブリュッセル〜ケルン、アムステルダム
■**走行距離**／312km*
■**所要時間**／1時間22分*
*パリ〜ブリュッセル
■**その他**／タリスには様々な料金設定があるが、全席指定制なので予約は必須。

ワインレッド色のコスチュームも艶《あで》やかな超特急が、ベルギーの首都ブリュッセルに本社を置く「タリス」である。タリスの車両には新旧2種類あり、写真は最新型の「タリスPBKA」だ。Pはパリ、Bはブリュッセル、Kはケルン、Aはアムステルダムを意味している。つまり、フランス、ベルギー、ドイツ、オランダを結ぶ国際超特急というわけだ。

けれども、タリス（THALYS）という言葉に意味はないという。タリスが走る、4つの国、どの国の言語でも心地よく感じられる言葉として選ばれた。国際列車とは、列車の名前一つとっても他国への思いやりが必要なのである。

タリスに乗って一番嬉しかったことは、食事のサービスが充実していたこと。パリ〜ブリュッセル間は、最高時速300kmで走るので、所要時間はわずか1時間22分。それでも、コンフォート1（1等）ではワイン付きの食事が無料でサービスされる。日本の新幹線にも食事のサービスがあったら、より楽しいと思うのだが。

チューリップ畑をぬって走る

スティーム・トラム

オランダ　**ホールン・メデンブリック鉄道**

スチームを上げ、ホールン駅を出発。

チューリップ畑を行くホールン・メデンブリック鉄道。

DATA

■**鉄道名**／SHM（スティーム・トラム・ホールン・メデンブリック鉄道）
■**運行区間**／ホールン～メデンブリックの約20km
■**所要時間**／1時間10分
■**その他**／ホールンやライデンなどのチューリップ畑が見ごろを終えた後は、32haのキューケンホフ公園へ。450万株のチューリップが5月中旬まで開花。

「チューリップを見たいのですが、どこに行けば咲いていますか？」

ここはオランダの首都アムステルダムの中央駅。鉄道観光案内所で、チューリップの開花情報を尋ねると、受付の女性はオランダの地図を広げ、「今ならホールンとライデン、それにキューケンホフ公園よ！」と教えてくれた。列車の発車時刻を聞けば、ホールン方面エンクハウゼン行きがあと5分ほどで発車するとのこと。私は、お礼を言って列車に飛び乗った。

アムステルダム中央駅を発車し、約40分でホールン駅に到着。ここで、「SHM（スティーム・トラム・ホールン・メデンブリック鉄道）」に乗り換えだ。スティーム・トラムとは、路面電車ならぬ路面蒸気機関車のこと。道路上も走るかわいい機関車である。「ポー！」。汽笛一声とともに、ホールン駅を発車した。

市街地を抜け田園地帯に差し掛かると、突然車窓が、赤、黄色、ピンク色に染まった。満開のチューリップである。その素晴らしさに車内から拍手が起こった。

ソーセージも美味しい
ドイツの誇る超特急

ドイツ　**ICE**

ドイツの名物フランクフルト・ソーセージ。

ドイツの超特急ICEは最高時速320km。

DATA

■**列車名**／ICE（インター・シティ・エクスプレス）
■**運行区間**／フランクフルト〜ケルンなど多数
■**走行距離**／全長202km
■**所要時間**／約1時間10分
■**その他**／ドイツでは号車別の指定席、自由席はない。リクエストがあった席が指定席で他は自由席。運がよければ、運転席後ろが自由席の場合もある。

ドイツの誇る超特急が、「ICE（インター・シティ・エクスプレス）」である。営業運転での最高速度は、フランスのTGVと同じ時速320kmなので、日本の新幹線とは、ライバル関係にある。事実、世界の高速鉄道の技術は、実際に開業した順番に紹介すると、日本（1964年）、フランス（81年）、ドイツ（91年）の3カ国がリードしてきた。

けれども、速いだけが高速鉄道の魅力ではないはず。安全で乗り心地がよく、室内が広々していて、掛け心地のいい座席も重要だ。美味しい食事が味わえる食堂車もほしい。こと、食事で比較すれば、ドイツ、フランス、日本の順番になる。なぜなら、ドイツのICEには食堂車がある上にビールが飲めるバーもある。フランスのTGVは立食のビュッフェがある。残念ながら、日本の新幹線に食堂車やビュッフェはない。

ICEに乗車する場合は、指定席はぜひ先頭車両の一番前をリクエストしよう。運転席との仕切りはガラス戸なので、時速320kmの運転風景が眺められる。

電車の元祖
世界最初の電気鉄道

ドイツ　ジーメンスの電気機関車

ドイツ鉄道の超特急ICEもジーメンス社製。

DATA

■列車名／ジーメンスの電気機関車
■博物館名／ドイツ技術博物館
■所在地／ベルリン。Trebbiner Strasse 9(地下鉄UバーンGleisdreieck駅徒歩5分)
■その他／ジーメンス(SIEMENS)はドイツ語読みだが、日本では英語読みでシーメンスが一般的。日本の社名は、「シーメンス・ジャパン株式会社」。

ワットが蒸気機関を発明し、トレビシックが蒸気機関車を走らせ、スチーブンソンが鉄道を開業するなど、世界最初の機関車や鉄道は、いずれもイギリスで生まれた。しかし、世界最初の電気で走る鉄道、つまり電車を発明したのはドイツのジーメンスだった。今から１３５年前の１８７９年、首都ベルリンの博覧会場で、全長約３００ｍの線路上を走ったのが最初である。

その電気機関車がベルリンのドイツ技術博物館に展示されていると聞き、さっそく見学に行った。私は、電気機関車なのだからさぞかし大きいだろうと思って

群馬県の上信電鉄で活躍したジーメンス社製のデキ1型。

ジーメンスが発明した世界初の電気機関車。

いた。すると、どうだろう。何とそれは遊園地にあるような、かわいらしい電車だったのである。

説明には、線路幅2フィート（約61cm）、20人のお客さんを乗せて最高時速12kmで走ったとある。運動会の徒競争よりも遅かった。けれども、135年後の今日、ジーメンス社製の鉄道車両は世界各地で活躍している。現時点では、ICEの3形が、時速320kmというハイスピードで走っている。

無人運転のニュールンベルグ地下鉄もジーメンス社製。

ブロッケン現象の本場

毎日運行のダンプフロック

ドイツ　ハルツ山狭軌鉄道

朝の機関区で出発を待つ99形蒸気機関車。

DATA

■鉄道名／ハルツ山狭軌鉄道

■運行区間／ヴェルニゲローデ～ブロッケン山頂の34㎞

■所要時間／1時間44分

■その他／SLは英語のスチーム・ロコモティブ（蒸気機関車）の略だが、ドイツ語ではダンプフ・ロコモティフェ。略して「ダンプフロック」と呼ばれる。

ドイツは最高時速320㎞で走る超特急「ICE」や、スポーツカーの「ポルシェ」などを生産する先進工業国だが、今もなお、昔ながらのSL（蒸気機関車）を運行する国でもある。日本にもSLは保存されているが、毎日走っているわけではない。ところがドイツには1年中、しかも1日6往復の列車がすべてSLという鉄道が複数ある。その一つが「ハルツ山狭軌鉄道」

先頭に立つ蒸気機関車を客車のデッキから撮影。

雪に覆われた、冬のブロッケン山へ。列車は、急勾配を上って行く。

客車のデッキは寒いけれど、蒸気機関車がよく見える。

だ。狭軌というのは線路の幅が狭いという意味だが、実際の線路幅は、1m（1000㎜）なのでJR在来線（1067㎜）よりも67㎜狭いだけ。

さて、起点のヴェルニゲローデ駅に行って私は嬉しくなってしまった。何両ものSLが勢いよく蒸気を噴き上げていたからだ。まさに蒸気機関車である。やがて「ヴゥーッ！」というドイツ独特の汽笛を鳴らし発車。目的地は、太陽のいたずらによって登山者の影が妖怪のように霧に映し出される「ブロッケン現象」で有名なブロッケン山頂（標高1142m）。この日も途中まではよく晴れていたが、終点のブロッケン山頂駅は霧に包まれていた。

初めてアルプス山脈を越えた

世界初の鉄道世界遺産

オーストリア　**セメリング鉄道**

セメリング駅に展示されているディーゼルカー。

DATA

■**鉄道名**／セメリング鉄道
■**運行区間**／グロックニッツ～ミュルツツーシュラークの41.8㎞
■**所要時間**／約55分
■**その他**／セメリング鉄道は単独の路線ではなく、オーストリア国鉄の幹線の一部区間。なので、オイロシティ(国際特急)なども頻繁に走っている。

オーストリアと聞いて何を連想するだろうか？　モーツァルト、シューベルト、ウィーン少年合唱団など音楽が有名な国だが、実は、鉄道も素晴らしい。鉄道の世界遺産は世界に5件あるが、１９９８年に世界で初めて世界遺産に登録された鉄道が、オーストリアの「セメリング鉄道」である。

場所は、首都ウィーンの南西約80㎞に立ちはだかるアルプスの山中だ。世界遺産に登録された理由は、「険

全長178m、高さ41mのカルテリンネ橋。

2段積みアーチ橋カルテリンネ橋を通過するシティシャトル。

しいアルプス山脈を初めて越えた鉄道」ということ。開通は、今から160年も前の1854年。イギリスで世界最初の鉄道が開業してからまだ日も浅い当時、誰しも列車がアルプスを越えることなど不可能と思っていた時代である。

けれども、果敢にもそれに挑戦した人がいた。イタリア人土木技師のカルロ・リッター・フォン・ゲガだ。彼は勾配を緩やかにするS字カーブやΩループ、17のアーチ橋、15のトンネルなど、当時としては画期的な工法を用い、6年がかりでセメリング鉄道を完成させたのである。

セメリング鉄道建設の功労者ゲガの記念碑。

勾配に合わせて車体も平行四辺形

世界一の急勾配鉄道

スイス　ピラトゥス鉄道

運転席の前に立ちはだかるような急勾配。

平行四辺形の真っ赤な車体。歯車をレールに噛み合わせて上る。

DATA

■**鉄道名**／ピラトゥス鉄道
■**運行区間**／アルプナハシュタット～ピラトゥス・クルムの4.5km
■**所要時間**／約30分
■**その他**／ピラトゥス鉄道近くのルツェルンの交通博物館には、1889年開業当時の蒸気機関によるピラトゥス鉄道の登山列車が保存・展示されている。

アメリカのワシントン山コグ鉄道（60ページ参照）の勾配は、世界第2位だが、世界一の急勾配はどこだろう？　それは、スイスの「ピラトゥス鉄道」である。

どのくらいの勾配かといえば、１０００分の４８０。つまり、１０００m進む間に４８０mも上昇するのだ。車体には「48%」と書いてあるが、これは百分率。日本や多くの国では、鉄道の勾配を百分率ではなく千分率で表すので、48%は１０００分の４８０となる。

例えば、電車の全長が20mとすれば、電車の前後、つまり運転士と車掌の高低差は９・６m。勾配に合わせて、車体も平行四辺形だ。うっかり、床に物を置くとゴロゴロと車掌室のところまで転がって行きそうだ。けれども、その心配はない。床が階段状になっていて、しかも仕切りがあるので大丈夫。でも、実際に乗ってみると、エレベーターで斜めに上昇する気分だ。それにしても、これほど急勾配の登山鉄道が今から１２５年も前に建設され、当時はＳＬだったとは驚きである。

ヨーロッパで一番高い駅

トップ・オブ・ヨーロッパ

スイス　**ユングフラウ鉄道**

ジャパン・ウィークは日の丸を掲げて走る。

ベルナーオーバーランド三山をバックに走るユングフラウ鉄道。

DATA

■鉄道名／ユングフラウ鉄道
■運行区間／クライネシャイデック〜ユングフラウ・ヨッホの9.8km
■所要時間／52分
■その他／日本人利用者が多く、100周年には「ジャパン・ウィーク」キャンペーンを実施。登山電車に日の丸が掲げられ、乗車料金もサービスされた。

「ユングフラウ鉄道」は、開業から１００年以上経ったアルプスを代表する登山鉄道だ。始発駅クライネシャイデック駅の近くには、アルプスを愛してやまなかった日本の小説家、新田次郎の碑があり、そこからは、目の前にアイガー（標高３９７０ｍ）、メンヒ（同４０９９ｍ）、ユングフラウ（同４１５８ｍ）のベルナーオーバーランド三山を眺めることができる。

登山電車は、シュトループ式と呼ばれるレールとレールの間に敷設されたラックレール（歯状軌条）にギアを噛み合わせながら、１０００分の２５０、つまり１０００ｍ進む間に２５０ｍ上昇する急勾配を上る。

最初の停車駅はアイガー・グレッチャー（氷河）駅。正面に氷河の絶景が広がる。発車すると長いトンネルに入った。トンネルの中にも駅があって、アイガー・ヴァント（壁）駅、アイスメーア（氷の海）駅に停車し、標高３４５４ｍのユングフラウ・ヨッホ駅に到着した。「トップ・オブ・ヨーロッパ」、ここは、ヨーロッパで一番標高が高い駅なのだ。

オール展望車、オール食堂車
日本人に一番人気の列車
スイス　氷河急行

ユネスコ世界遺産のラッピングが施された電気機関車。

DATA

■列車名／氷河急行（グレッシャー・エクスプレス）
■運行区間／サンモリッツ〜ツェルマットの269km
■所要時間／約8時間
■その他／車体カラーの赤はスイス国旗の色、白く見える部分はグレッシャー・ブルーと呼ばれる氷河の色。連結部分には、スイス国旗がデザインされている。

海外の列車で日本人に一番人気のある列車といえば、スイスの「氷河急行」だろう。何しろ1年間に日本人が約8万人も乗車しているという。氷河急行の全乗客数が年間約28万人というから、約29％が日本からの利用者なのである。どのあたりが人気の秘密なのだろうか？　さっそく私も乗ってみた。

まず、車窓風景が素晴らしい。牛や羊が草を食むのどかな牧場や、ライン川、ローヌ川などが織りなす渓

始発駅のサンモリッツ駅。景観は世界遺産に登録されている。

アルプスをバックに石造りのアーチ橋を渡る氷河急行。連結部がスイス国旗のデザイン。

谷美、そして頭上には4000m級のアルプスの高峰が連なる。さらに、この列車の愛称の由来となった氷河もいくつか見ることができる。この美しい車窓風景を満喫できるのが、パノラミック・ワーゲンと呼ばれる展望車。1等、2等の区別なく、全車両が天井までガラス窓のオール展望車なのである。

さらに、ランチが素晴らしい。食堂車はないが、中央にキッチンカー（厨房車）が連結されていて、出来立てのランチが各座席までデリバリーされるのだ。もちろん、デザート付き。つまり氷河急行とは、全座席が展望車であり、食堂車というわけだ。人気の秘密はこれだ！

本日のデザートは、ティラミス。

氷河を間近に眺められる
世界遺産の山岳鉄道

スイス〜イタリア　ベルニナ急行

ベルニナ急行の先頭に立つアレグラ号。

DATA

■列車名／ベルニナ急行
■運行区間／クール〜サンモリッツ〜ティラノの144km
■所要時間／約4時間
■その他／神奈川県の箱根登山鉄道とは姉妹鉄道。スイスに日本語の駅名板があり、箱根登山鉄道には「ベルニナ号」や「サン・モリッツ号」が走っている。

ユネスコの世界遺産には、現在、世界中で1007件が登録されているが、こと鉄道にまつわる世界遺産は、5件・6鉄道と決して多くはない。

その中で、2008年に世界遺産に登録されたのがスイスの「レーティッシュ鉄道アルブラ線・ベルニナ線と周辺の景観」だった。鉄道だけではなく、周りの景色も含めてユネスコに認められたというわけだ。それでは、どんな鉄道、どのような車窓風景が展開するのか、「ベルニナ急行」に乗ってみよう。

日本語で「ようこそ」。
サンモリッツ駅にて。

氷河湖の湖畔を走るベルニナ急行。

始発駅はクール駅だが、まだ世界遺産区間ではない。約27km走ったトゥジィズ駅から先が登録区間だ。なるほど、目前には高い山が迫り、眼下には大峡谷が現れた。線路は急勾配を上るために、列車が一回転するループ線や、ループ線をいくつも重ねたスパイラル線もある。

一方、車窓風景は、列車名の由来となったピッツ・ベルニナ山（標高４０４９ｍ）や、モルテラッチュ、カンブレナ、パリューの三大氷河、さらに氷河湖ラーゴ・ビアンコなどを間近に眺めることができる。さすがに素晴らしい。私は写真を撮りまくった。

車内販売のカートはシュタインボック（山羊）。

ペニンシュラを疾走する

赤色の強力ライバル出現

イタリア　**イタロ**

イタロ車内販売のお弁当。17ユーロ(約2400円)。

フィレンツェ駅に停車中のミラノ行きイタロ。

DATA

■**列車名**／NTV・イタロ
■**運行区間**／ローマ・オスティエンセ～ミラノ・ポルタ・ガリバルディの約570km　他
■**所要時間**／2時間50分
■**その他**／イタロの客室は、通常の特等、1等、2等の他に、プリマ・リラックス(携帯電話使用禁止の静かな車両)、スマート・シネマ(映画上映車両)などもある。

２０１２年４月、イタリアにまったく新しい超特急が誕生した。ＮＴＶ社の「イタロ」だ。それまで、イタリア国内の鉄道は、トレンイタリア社（旧イタリア国鉄）のみだった。そこへ、民間資本のＮＴＶ社が参入したのである。

日本では前例がなく説明が難しいが、例えば、ＪＲの新幹線の線路上をＪＲ以外の新しい高速列車が走り出したようなもの。したがって、車両も、料金も、サービスも違うので、乗客は好みの列車を選ぶことができる。これまで、一社で独占してきたトレンイタリア社にとっては、大きなライバルが誕生したのだ。

イタリアの首都ローマから、最大の都市ミラノまで乗ってみた。最高時速こそ３００kmでトレンイタリア社の「フェレッチャロッサ」と同じだが、快適でサービスのいいこと。特にクルーの笑顔とホスピタリティ精神には感心した。乗車時間が短いので食堂車はないが、１等車では飲み物とスナックがサービスされ、日本の駅弁を参考にした美味しい「イタロボックス」も車内販売されている。

どんな幅の線路も走行OK!

世界唯一のスーパートレイン

スペイン〜フランス　**タルゴ**

タルゴの食堂車。

最新型タルゴ350。最高時速は300㎞。

DATA

■列車名／タルゴ
■運行区間／マドリード〜バルセロナの621㎞　他
■所要時間／約2時間40分
■その他／タルゴは国内線のみならず、フランスのパリやイタリアのミラノなどへも直通運転している他、車両はドイツやアメリカの特急列車としても活躍している。

スペインには、世界でも唯一というユニークな列車が走っている。その名は「タルゴ」。最大の特徴が、軌間（ゲージ）、つまり線路の幅が広い、狭いにかかわらず、自由自在に走ることなのである。簡単に説明すれば、車両の足、つまり車輪が、線路の幅が広ければカニのようにガニマタになり、線路の幅が狭ければ逆に内股になる。驚きだ。

では、なぜスペインだけにタルゴが生まれたのだろうか？　今から約２００年前、スペインはフランスのナポレオン軍によって甚大な被害を受けた。その50年後、つまり今から約１５０年前にスペイン初の鉄道が建設されることになったのだが、時の国王はナポレオン軍の悪夢を忘れていなかった。フランスの標準軌（１４３５㎜）とは直通運転できないよう、広軌（１６６８㎜）の鉄道を建設するように命じたのだ。

ところが、平和になった現代では、軌間が異なることほど不便なことはない。そこでスペイン国鉄では、どんな幅の線路でも直通運転ＯＫというタルゴを開発したのである。

急な坂道をグングン上る

市民の強い味方

ポルトガル　**エレバドール**

炭火で焼かれる名物のイワシの塩焼き。

車体を水平に保つため台車が斜めになっているグロリア線ケーブルカー。

DATA

■**鉄道名**／エレバドール
■**運行区間**／グロリア線、ラブラ線、ビッカ線の3路線で690m
■**所要時間**／約3分
■**その他**／ポルトガルと日本では、安土桃山時代に盛んに交易が行われた。パン、ボタン、コップ、タバコなどはポルトガルから渡来し、日本に定着した言葉。

ポルトガルの首都リスボンは、丘の町である。リスボンの地形的特徴は、ギリシア神話にも登場する「七つの丘」にある。丘から丘への移動は、坂を上ったり下りたりで大変だが、そんな時に威力を発揮するのが、ポルトガル語でエレクトリコ（路面電車）と、エレバドール（ケーブルカー）だ。いずれも、リスボン交通局の運営でチケットも共通。エレクトリコは5路線からなり、全長48㎞。かなりの急勾配をグングン上るが、さらに急な坂道で威力を発揮するのが、「エレバドール」である。

エレバドールには、グロリア線、ラブラ線、ビッカ線の3路線があり、いずれも、いかにもリスボンらしい下町の路地裏を上り下りしている。映画にもよく登場するビッカ線は、軒先の洗濯物が風に揺れる中、小さなパンタグラフを目一杯高く掲げて走る。そしてお昼時ともなれば、路地裏からイワシを焼く香ばしい匂いが漂ってくる。日本人と同様にポルトガル人も魚が大好き。サルデーニャス・アサーダス（イワシの塩焼き）は、ポルトガルを代表する魚料理だ。

より速く軽快に!

北欧とロシアを結ぶ国際列車

フィンランド〜ロシア　**アレグロ**

車内には子供の遊び場がある。

ヘルシンキを発車するアレグロ。車体には五線譜をデザイン。

DATA

■**列車名**／国際特急「アレグロ」
■**運行区間**／ヘルシンキ〜サンクト・ペテルブルクの416km
■**所要時間**／3時間36分
■**その他**／1等車ではサンドイッチなどの軽食とコーヒー、紅茶が無料でサービスされる。食堂車や売店の支払いは、ユーロとルーブルどちらもOK。

ロシアと隣り合う、サンタクロースが住むという北欧の国、フィンランドに、2010年12月、新しい特急が誕生した。その名は「アレグロ」である。

おや？　どこかで聞いたことがある言葉ではないだろうか？　ヒントは音楽の授業中に……。そう、アレグロとは、音楽の速度を表す用語の一つで、「速い速度で軽快に演奏する」という意味である。

国際特急「アレグロ」は、フィンランドの首都ヘルシンキと、ロシアの古都サンクト・ペテルブルク間の416kmを、3時間36分で結ぶように計画された。最高速度は時速220kmで、車両はイタリア製。これまで、同区間を走る最も速い列車が、5時間48分だったので、一挙に2時間12分の短縮。何という素晴らしさ。

しかも、フィンランドとロシアの料理が満喫できる食堂車や、子供専用の遊び部屋、ペットと一緒に乗車できる専用車両なども連結されている。まさに、より速く軽快な国際特急が誕生したのだ。

ヨーロッパ最北の駅を目指す

北極圏越えの寝台列車

スウェーデン〜ノルウェー　**ノールランストーグ**

ストックホルム中央駅で出発を待つノールランストーグ。

DATA

■鉄道名／ノールランストーグ
■運行区間／ストックホルム〜ナルヴィクの1467㎞
■所要時間／21時間42分
■その他／ヨーロッパ最北の駅はノルウェーのナルヴィク駅で、北緯68度26分。ヨーロッパ最北の岬は、やはりノルウェーのノールカップ（北岬）で、北緯71度10分。

3段ベッドの2等寝台車。

スウェーデンの首都ストックホルムから、ヨーロッパ最北の終着駅、ノルウェーのナルヴィク駅を目指して走る寝台列車が、第94列車「ノールランストーグ」である。スウェーデン語で、ノールランドは北国、トーグは列車という意味なので、日本語に訳したら「北国列車」となる。

ストックホルム中央駅の発車時刻は、夕刻の17時58分。夜を徹してスカンジナビア半島を北上した「ノルドピレン号」は、夜明けをボーデン駅で迎えた。クルーが寝台車にやってきて、腕時計を見ながら、「アークティック・サークル通過は9時ごろですよ」と、教

ヨーロッパ最北の終着駅を目指して走るノールランストーグ。

えてくれた。
アークティック・サークルとは、北緯66度33分、これより北は北極圏であると示す境界線のこと。北極圏は、夏は太陽が沈まない白夜となる一方で、冬は1日中太陽が昇らない日もある地域だ。時計の針が間もなく9時というころ、車窓に大地に整然と並べられた白い石が現れた。乗客の誰かが、「アークティック・サークル！」と、叫んだ。続いてクルーに言われた。「ようこそ！　アークティック（北極地方）へ！」

ビュッフェ車両では飲み物とスナックを販売している。

トーマスクック時刻表推薦

シーニック・ルート

ノルウェー　**ベルゲン急行**

ビュッフェ車両では飲み物やサンドイッチが購入できる。

標高1222mの最高地点を走るベルゲン急行。

DATA

- **■列車名**／ベルゲン急行
- **■運行区間**／オスロ〜ベルゲンの489km
- **■所要時間**／6時間41分
- **■その他**／ベルゲン急行を舞台にしたノルウェー映画『ホルテンさんのはじめての冒険』が日本で上映され好評を博した。ホルテンさんはベルゲン急行の運転士。

イギリスにトーマスクック社という世界最古の旅行会社があり、国際時刻表も出版している。『トーマスクック・ヨーロッパ鉄道時刻表』である。ヨーロッパを鉄道旅行する際の必需品であり、日本でも大きな書店で手に入る。

その時刻表には、トーマスクック時刻表編集部推薦の「ヨーロッパ鉄道シーニック・ルート」、つまり景色の良い鉄道が掲載されている。この10年間、毎年選ばれているのが、ノルウェーの「ベルゲン急行」だ。どんな景色なのだろうか？

私はわくわくしながら、ノルウェーの首都オスロから「ベルゲン急行」に乗り込んだ。

最初は森林地帯を走っていたが、ヤイロ駅を過ぎると樹木がなくなって岩場となり、やがて見渡す限り雪と氷のフィンセ駅に停車した。標高は1222m。それほどの標高ではないが、北に位置するため日本の標高2000m以上に相当し、樹木の生える限界を越えてしまったようだ。その先は、フィヨルドと呼ばれる氷河が形成した入り江を走り、世界遺産都市ベルゲンに到着した。素晴らしい車窓風景の連続だった。

標高差864mを一気に下る
終点は山の中の港

ノルウェー　**フロム鉄道**

ショース滝駅では5分ほど停車して滝見物。
氷河によって形成された渓谷を走る。

DATA

■**鉄道名**／フロム鉄道
■**運行区間**／ミュールダール～フロムの20km
■**所要時間**／約55分
■**その他**／列車の到着に合わせてフロム港からは、世界遺産ネーロイ・フィヨルドを経由してグドバンゲン港まで行くフェリー「フィヨルド1」が就航している。

世界遺産の港町ベルゲンから、「ベルゲン急行」に乗って2時間。列車は標高866m、スカンジナビア山脈の山中に位置するミュールダール駅に停車した。ここで「フロム鉄道」に乗り換えだ。車体にはいくつもの数字が描かれている。「20km」はフロム鉄道の全長であり、「20トンネルズ」はトンネルの数。「866m」はミュールダール駅の標高、「2m」は終点フロム駅の標高だ。

フロム鉄道は、ミュールダール駅を発車した。同時に急勾配を下る。トンネルを抜けると、氷河の浸食によって形成されたU字形渓谷が目の前に広がった。乗客たちの歓声に包まれる。私は窓を開け、谷底をのぞいた。その途端、腰がワナワナと震えてしまった。

55分後、列車は渓谷の一番低いところまで下りてきた。そこが終点のフロム駅だった。目の前には、湖のように静かな水面が広がっているが、湖ではない。フィヨルドという氷河が形成した海である。外洋まで200km以上もあるというが、れっきとした海なのだ。

道路を掘り下げて作った

世界遺産の地下鉄

ハンガリー　**ブダペスト・メトロー**

電車が小型なので運転士が大きく見える。

地下鉄デアーク・フェレンツ・テール駅の世界遺産のプレート。

DATA

■**鉄道名**／ブダペスト・メトローM1号線
■**運行区間**／ヴィルシュマルティ広場〜メキシコ通りの5㎞
■**所要時間**／約11分
■**その他**／デアーク・フェレンツ・テール駅には地下鉄博物館があり、開業当時の木造の電車などが展示されている。ブダペストカードを提示すれば入場料は割引。

ハンガリーの首都ブダペストでは、地下鉄のことを「メトロー」と呼ぶ。現在、M3号線まであるが、写真のM1号線が2002年に世界遺産に追加登録された。地下鉄としては、世界唯一の世界遺産である。

開業は、118年も前の1896年5月2日。ハンガリー建国1000年を記念して、イギリスのロンドン地下鉄に次いで世界で2番目の地下鉄として開業した。けれども、ロンドンの地下鉄はSL（蒸気機関車）での開業だったので、最初から電車の地下鉄という点ではブダペストが最初である。

さあ、乗ってみよう。始発駅はドナウ川に近いヴィルシュマルティ広場駅。地下鉄入口から階段を下りる。あれれ、あっという間にホームだ。地上から3mくらいだろうか？　何しろホームには太陽の光が差し込んでいるほど。どうしてこんなに浅いのだろう。その理由は、トンネルを掘ったのではなく、道路を掘り下げて地下鉄を通してからフタをしたから。メトローの電車も小柄でかわいい。

24時間運行
路面電車天国

チェコ　**プラハ・トラム**

アールヌーボー様式のプラハ本駅。

ポルシェ社がデザインした新型トラム。

DATA

■**鉄道名**／プラハ・トラム（プラハ市公共交通）
■**運行区間**／市内全域 1〜35系統の141km
■**その他**／乗車券はトラム、地下鉄、バス、ケーブルカー共通で、1回乗り換えOKのキップや、24時間有効の1日乗車券などがある。

中世の歴史ある街並みが残され、世界文化遺産にも登録されている美しい都市がチェコの首都プラハである。国際列車でプラハに到着した私は、嬉しくなってしまった。なぜなら、「百塔の町」と呼ばれるほど、お城や教会の多い市内を、クリーム色と赤のツートンカラーを中心に、シルバー、パープル、スカイブルーといった、カラフルなトラム（路面電車）が、次から次へとひっきりなしに走っていたからである。

それもそのはず。プラハの人口は約120万人だが、ここには、35系統、全長141kmものトラムの路線があるという。しかも、26系統で早朝4時台から深夜1時まで走り、都心部の9系統は24時間、つまり終夜運行なのだ。これなら最終電車に乗り遅れる心配もない。クリーム色と赤のツートンカラートラムは、チェコが社会主義国だった1960年代に製造した「タトラカー」。旧ソ連や東ヨーロッパ諸国に、1万4000台も輸出したベストセラーだ。一方、シルバーの新型はドイツの自動車メーカー、ポルシェ社によるデザイン。格好いい！

車中6泊7日

世界最長の鉄道

ロシア　シベリア鉄道ロシア号

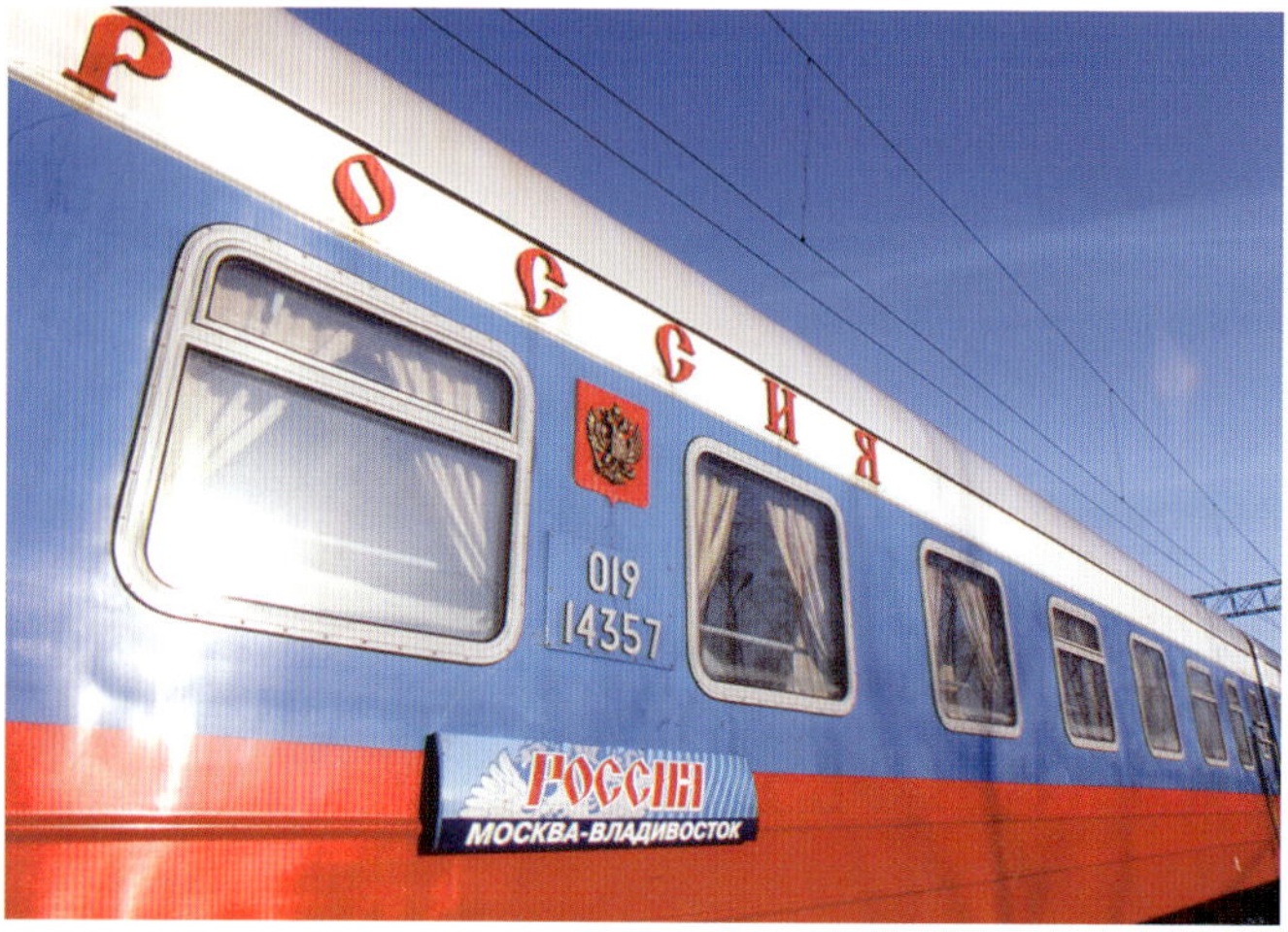

ロシア号の車体の色はロシア国旗と同じ白・青・赤の三色。

DATA

■列車名／シベリア鉄道・ロシア号
■運行区間／ウラジオストク〜モスクワの9297㎞
■所要時間／147時間8分(6泊7日)
■その他／乗務員は寝台車1両に2名乗務し12時間交代制。重要な仕事は、石炭ストーブの暖房の管理。冬のシベリアで暖房が故障すると生死にかかわる。

世界最長の鉄道と、そこを走る世界一の列車を紹介しよう。世界最長、つまり世界一長い鉄道は、ロシアの「シベリア鉄道」である。ウラジオストクからモスクワまで、全長９２９７㎞。JR北海道で一番北の稚内駅と、JR九州の鹿児島中央駅との間が約３０９０㎞なので、稚内と鹿児島間を1往復して、さらに片道行ったほどの長距離である。

そのシベリア鉄道の全線を走る特急列車が、「ロシア号」だ。ウラジオストクからモスクワまで、所要時間は１４７時間と8分。といってもピンと来ないが、

1週間乗るので皆仲良しに。

ロシア号と北京行き特急のすれ違い。

美味しい朝食。

車中6泊7日、1週間かかる。すごい！　私はこれまで2度乗っているが、昨日も、今日も、明日も、1週間毎日列車の中。寝ても、起きても列車の中という経験は、シベリア鉄道ならではだ。鉄道旅行好きにはこたえられない。

車窓風景は、タイガと呼ばれる針葉樹林が大半だが、途中で琵琶湖の46倍もあるバイカル湖畔を走る。冬はマイナス40度にもなるシベリアのこと。例年4月初旬まで湖も凍結する。

瞬きする間に通過

コリントス運河をひとまたぎ

ギリシア　ギリシア鉄道コリントス線

コリントス行きディーゼルカー。車体には落書きが。

DATA

■鉄道名／ギリシア鉄道コリントス線
■運行区間／アテネ〜コリントスの80km
■所要時間／1時間10分
■その他／ギリシア本土の鉄道は線路幅1435mmの標準軌。ペロポネソス半島の鉄道は線路幅1000mmの狭軌なので、直通運転は行われていない。

ギリシアのアテネ中央駅から、コリントス線のディーゼルカーに乗車した。発車前に駅長に言われた。

「コリントス線に乗ったら1時間5分後にコリントス運河を渡ります。ほんの一瞬なので見逃さないでくださいね」

アテネを発車して約1時間、進行方向左側の車窓に紺碧の海が広がった。サロニコス湾、その先はエーゲ海である。コリントス運河まであとわずか。運河の全長は6343mもあるのに、幅はわずか23m。列車は時速100kmは出ているので、1〜2秒で通過してしまうはず。私は瞬きをすることさえこらえ、運河通過を待った。

航行する貨物船。鉄橋上にはトロッコが走る。

コリントス運河を通過するギリシア鉄道のディーゼルカー。

すると、突然大地が割れ、眼下にコバルトブルー色の水面が現れた。今から121年前の1893年、イオニア海とエーゲ海を結ぶために開削されたコリントス運河である。

コリントス運河を渡ると、列車はギリシア本土からペロポネソス半島へ。古代オリンピック発祥の地オリンピアや、古代都市コリントスなど、古代文明の宝庫がペロポネソス半島である。

コリントス駅。上はギリシア語、下は英語。

column

ヨーロッパ　ドイツ流 vs フランス流

一口にヨーロッパといっても、ドイツとフランスでは、切符の購入法から乗り方まで、大きな違いがある。我々がヨーロッパに行く際の定番切符「ユーレイルパス」も、行き先がドイツか、フランスかによって事前の準備に差が生じるのだ。結論を先にいえば、ドイツ語圏（ドイツ、オーストリア、スイスなど）なら事前の準備はほとんど不要だが、フランスへ行くなら指定券（約9ユーロ）が必要になる。これを怠ると、場合によっては70〜80ユーロの指定券を現地で購入することになる。なぜ、このようなことが起きるのかといえば、ドイツのICEは自由席、フランスのTGVは指定席を基本としているからだ。

まずドイツ語圏には、原則として駅に改札はない。長距離列車はもちろん、Sバーン（国電）、Uバーン（地下鉄）、シュトラーセンバーン（路面電車）に至るまで改札はない（例外的にスイスの登山鉄道などに改札がある）。乗客は乗車前にチケットを購入することが大原則なので改札は不要という考え方だ。もしも、不正乗車がなかったら、日本のような高額な自動改札システムも不要なわけで、理想的なスタイルである。また、自由席が基本というのもドイツ流だ。ただし、指定席がないわけではなく、指定のリクエストがあれば、その座席のみ指定席となる。その指定席も指定区間外なら誰が着席しても構わない。実に合理的なシステムなのだ。

ところが、フランスのTGVは全席指定席が基本である。指定券を購入せずに乗車すると、その場で20ユーロの罰金が徴収される。指定席も事前に購入すれば9ユーロ程度だが、発車直前などには割引が適用されずに定価での購入となる。また、プラットホームにタイムレコーダ方式の改札が設置されている。乗車前に指定券の打刻を怠ると、やはり罰金の対象となる。一方、改札のないドイツなどでも無賃乗車が発覚すると厳しい罰金が科せられる。切符を落とした、忘れた、買い方が分からなかったなど、理由を問わず罰金100ユーロなのでご用心！

第7章

憧れの鉄道まだまだある

SJ2000

メックレンブルク（モリー）鉄道

THE WORLD

市場の中を列車が走る

バンコクのディーゼルカー

タイ　**メークロン線**

列車の先頭から見たメークロン市場。

列車が通り過ぎる間だけ、メークロン市場はお休み。

DATA

■**路線名**／メークロン東線・西線
■**運行区間**／ウォンウィアン・ヤイ〜メークロンの64km
■**所要時間**／約2時間（渡し船含まず）
■**その他**／東線の列車本数は1日17往復と多いが、西線は4往復と極端に少ないので乗車時は時刻表を確認。車両は日立、川崎、東急など日本製。

タイの首都バンコクは、かつて「東洋のベニス」と呼ばれた水の都だった。自動車などの発達により、市内を縦横に走っていた運河の多くは埋め立てられてしまったが、今でもチャオプラヤー川やメークロン川の流域では、水の都と呼ばれた当時のバンコクを偲《しの》ぶことができる。

そこで、メークロン川を目指してバンコクのウォンウィアン・ヤイ駅から「メークロン東線」のディーゼルカーに乗車した。田園地帯を走ること、約1時間で終点のマハチャイ駅に到着。目の前にはターチン川が流れている。鉄橋がないため渡し船に乗り換えて対岸のバーンレム駅へ。昔の運河もこんな感じだったのだろう。

バーンレム駅からは、「メークロン西線」のディーゼルカーで終点のメークロン駅を目指す。再び田園地帯を走ること1時間。メークロン駅に到着するころ、私は自分の目を疑った。なぜなら線路の両脇、それもレールのギリギリまでバナナや野菜、魚が並んでいたからだ。列車が通り過ぎると、線路の上まで商品が並ぶ。メークロンの市場は、線路上にあったのである。

標高2213mを目指す山岳ルート
避暑地へ向かう世界遺産鉄道

インド　**カルカ・シムラ鉄道**

車体にはユネスコ世界遺産のマークが。

カノー駅にて列車すれ違いのためしばらく停車。

DATA

■鉄道名／カルカ・シムラ鉄道
■運行区間／カルカ～シムラの96㎞
■所要時間／約4時間45分
■その他／インドがイギリスの植民地だった1947年まで、夏の間、終点のシムラが首都だった。

２００８年に世界遺産「インドの山岳鉄道群」に追加登録されたのが、「カルカ・シムラ鉄道」である。始発駅のあるカルカは、首都ニューデリーの北、３０５㎞に位置し、インド国鉄で最も速い特急「シャタブディ・エクスプレス」で約4時間の道程だ。

インド国鉄の軌間（線路幅）は、世界で最も広い、１６７６㎜の広軌（ブロードゲージ）なので、「シャタブディ・エクスプレス」は車内も広くとても快適だった。ところが、カルカ駅で乗り換えた「カルカ・シムラ鉄道」は軌間７６２㎜の狭軌（ナローゲージ）。マイクロバスのような小型の車両だった。なぜ、小型なのかといえば、山岳地帯には急勾配や急カーブが多いので、線路の幅は狭く、車両も小型のほうが走行するのに有利なのだ。

「カルカ・シムラ鉄道」はディーゼル機関車を先頭に7両の客車を連ね、96㎞先のシムラを目指して山岳ルートを走る。その間に１０２のトンネルと、８６４もの鉄橋を通過する。終点シムラは、標高２２１３ｍの高原の避暑地だ。

首都アンカラが起点

ユース高速列車

トルコ　YHT

高速列車YHTの運転室。腰かけているのは車掌。

アンカラ駅を発車するYHTエスキシェヒル行き。

DATA

■**列車名**／YHT（ユクセッキ・フズル・トレニ）
■**運行区間**／アンカラ～エスキシェヒルの245km
■**所要時間**／1時間30分
■**その他**／YHTはエコノミークラス、ビジネスクラス、ビュッフェの6両編成。ビジネスクラスではスナックとドリンクがサービスされ、映画も上映される。

トルコは、ボスポラス海峡を境に、西がヨーロッパ大陸、東がアジア大陸というヨーロッパとアジアの文化がミックスしたエキゾチックな国だ。国土の面積は大半がアジア側で、首都のアンカラもアジア側に位置している。

日本発の飛行機が到着するのは、ボスポラス海峡に臨むイスタンブールだが、鉄道の中心は首都アンカラである。「ＹＨＴ」という高速鉄道が、２００９年にアンカラ～エスキシェヒル間に、２０１１年にはアンカラ～コンヤ間にも開業した。

アンカラ駅の１番線ホームで、初めてＹＨＴを見た瞬間、私は思わず、ＹＨＴとは、「ユース（若い）トレイン」のことかと勘違いした。なぜなら、学生時代の旅行でよく利用した宿がＹＨ（ユースホステル）だったからだ。駅員に尋ねてみれば、ＹＨＴとはトルコ語で高速列車の頭文字とのこと。けれども、最新型なので「若い」ことは事実。アンカラ駅を発車したＹＨＴはグングン加速し、最高時速２５０㎞でエスキシェヒルやコンヤを目指し疾駆する。

ナイル河口のデルタ地帯を驀進

エジプトの俊足ランナー

エジプト　**ターボトレイン**

エキゾチックな雰囲気のアレクサンドリア駅。

アレクサンドリア駅にて発車を待つターボトレイン。外観はエジプト国旗の三色。

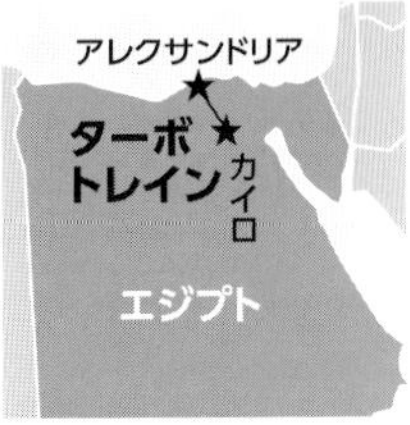

DATA

■**列車名**／ターボトレイン

■**運行区間**／カイロ〜アレクサンドリアの208㎞

■**所要時間**／2時間25分

■**その他**／ターボトレインは、日本でも試作されたが、スピードは出ても燃費が悪く騒音も大きいため実用化されなかった。エジプトの列車は希少。

エジプト国鉄きっての高速列車が、「ターボトレイン」である。運行区間は、首都カイロから地中海に面した港町アレクサンドリアまでの208㎞。この間を2時間25分で結ぶ。在来線としては、なかなかの俊足ランナーだ。車体はフランス製だが、外観は赤・白・黒のエジプト国旗の色に塗装されていて、いかにもエジプトらしい列車である。

始発駅のカイロ・ラムセス中央駅を発車すると、ナイル川河口の肥沃なデルタ地帯を時速150㎞で驀進する。エジプトは国土の大半が砂漠の国だが、ナイル河口は緑なす田園地帯である。やがてターボトレインは、終点のアレクサンドリア・ミスル駅に到着した。

ホームに降り立つと、心地いい風が吹いている。カイロが暑かっただけにごきげんだ。この爽やかな風はどこから吹いてくるのだろうか？

しばらく歩くとその理由が分かった。紺碧の地中海が広がったからだ。アレクサンドリアは紀元前332年、アレクサンダー大王によって建設され、クレオパトラ7世が暮らした港町。

ホッキョクグマの生息エリアへ向かう

何でも運ぶヒーロー列車

カナダ　**ポーラーベア・エクスプレス**

道路でブラックベアと遭遇。

ムースニー駅を発車するポーラーベア・エクスプレス。

DATA

■列車名／ポーラーベア・エクスプレス
■運行区間／コークレーン〜ムースニーの299㎞
■所要時間／4時間50分
■その他／この列車の時刻表は、始発駅と終点は時刻が表記されているが、途中駅はすべて旗の印。フラッグ・ストップといって旗を振ると列車が停まる。

「ポーラーベア」を知っているだろうか？　ポーラーは英語で北極なので、「ホッキョクグマ」のことだ。体毛が白いので、日本では「シロクマ」と呼ぶ人もいる。九州には「白くま」というかき氷もある。北極と九州、どんな関連性があるのだろうか？

さて、カナダのオンタリオ州に「ポーラーベア・エクスプレス」という列車が走っていると聞いて、さっそく乗りに行った。終点のムースニーがホッキョクグマの生息エリアの一つで、運が良ければ出会えるという。

列車の編成は、先頭からディーゼル機関車2両、続いて車運車3両、貨車1両、客車4両、食堂車、荷物車、電源車各1両の13両編成だ。車運車は、乗客のマイカーを搭載する車両。貨車には食料や生活物資が載っている。日本では考えられないことだが、ムースニーへの道路はない。だから、列車で人も車も食料や物資も何でも運ぶ。頼もしい列車である。ところで今回は、ポーラーベアには会えなかったが、その代わり、ブラックベアが撮影できた。

ワイン色の列車で目指す
美しきアガワ峡谷

カナダ　**アルゴマ中央鉄道**

私の友人、ミスター・トム・サビオ。

始発駅スーセントマリーを発車するアルゴマ中央鉄道。

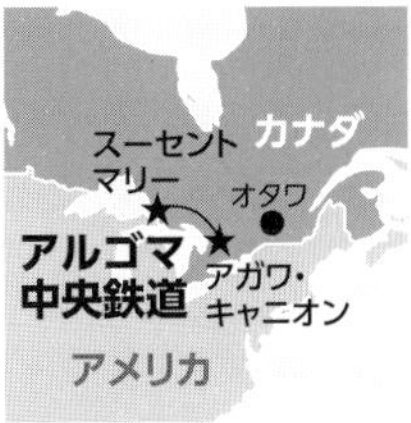

DATA

■鉄道名／アルゴマ中央鉄道
■運行区間／スーセントマリー～アガワ・キャニオンの183km
■所要時間／約3時間30分
■その他／現在、アガワ・キャニオン駅までは毎日運行しているが、その先のアガワ駅を通る列車は1週間に1往復のみ。

『きかんしゃやえもん』の作者としても有名な小説家、阿川弘之先生の海外鉄道紀行に「アガワ峡谷紅葉列車」がある。この紀行によれば世界中にアガワ駅は二つあるそうだ。一つは山陰本線の阿川駅（山口県）。もう一つがカナダのアガワ峡谷にあるアガワ駅である。乗客がいない限り通過してしまう無人駅だが、阿川先生、車掌長に交渉し、見事カナダのアガワ駅に途中下車成功！　というストーリーだ。けれども、降りたはいいが、次の列車が来るまでの数十分、時には熊が出る無人駅にたった1人。ずいぶん心細い思いをされたようだが、これを読んで以来、私もいつか「アルゴマ中央鉄道」で、アガワ峡谷に行ってみたいと思うようになった。

そのチャンスが巡ってきたのはある夏のこと。スーセントマリー駅からワイン色の列車に乗って出発だ。やがて車窓にはスペリオル湖が現れた。面積は北海道とほぼ同じ、海のように広い湖である。およそ3時間半でアガワ駅に到着。とても美しいところだ。夏なので森林浴を楽しんだが、秋には紅葉がきれいだろう。

世界中の路面電車が200両以上

路面電車博物館

アメリカ　シーショア・トロリー・ミュージアム

ミュージアムに保存されている長崎電気軌道134号電車。

ミュージアムには世界中の色々な路面電車が保存されている。

DATA

■**博物館名**／シーショア・トロリー・ミュージアム
■**運行区間**／博物館～旧インターアーバン鉄道　アトランチック・ショア・ラインの2.8km
■**その他**／長崎電軌134号電車は1911年に誕生し大阪、福岡で活躍後、長崎電軌へ。そして1959年に廃車となり、翌年、太平洋を渡ってこの博物館に寄贈された。

アメリカ東部のメーン州ケネバンクポートは、大西洋に臨む港町で人気の保養地だ。港にはシーフード・レストランが並び、ステキなホテルもある。第41代大統領ジョージ・ブッシュの別荘があることでも有名だ。

そんな海の町ケネバンクポートには、世界一の呼び声も高い博物館がある。「シーショア・トロリー・ミュージアム」である。シーショアは海岸や海辺のこと、トロリーは架線のことだが、転じて路面電車を意味する。つまり、「海辺の路面電車博物館」というわけだ。何が世界一かといえば、保存されている路面電車の数。２００両以上というからすごい。

路面電車は、アメリカ各地はもちろん、海外からは、イギリスのグラスゴー市電、ドイツのベルリン市電、オーストラリアはシドニー市電、そして日本からは長崎電軌など。長崎電軌の１３４号電車は１９１１年製造なので１０３歳になる。多くの路面電車は、いつでも走ることができるように整備され、約３km先の森の駅まで、「チンチン！」と鐘を鳴らしながら走る。

急勾配を行ったり、来たり

スイッチバックの山岳鉄道

オーストラリア　**ジグザグ鉄道**

カウボーイハットを被ったディーゼルカーの運転士。

ジグザグ鉄道を走る蒸気機関車とディーゼルカー。

DATA

■**鉄道名**／ジグザグ鉄道
■**運行区間**／ボトムポインツ～クラレンスの7.5km
■**所要時間**／往復約1時間
■**その他**／平日の運行はディーゼルカーが3往復だが、週末や連休中には蒸気機関車も加わり、6往復走る。機関車トーマスとその仲間が走る日も。

「明日は日曜日なので、行きませんか？　ジグザグ鉄道で蒸気機関車が走ります。」

シドニー国際空港に到着すると、出迎えの旅行会社の方から、「ジグザグ鉄道」の日帰り旅行を勧められた。蒸気機関車は大好きなので、OKした。でも、ジグザグ鉄道って不思議な名前。何がジグザグなのだろうか？

翌朝、シドニー中央駅を8時2分に発車するシティ・レイル（近郊電車）のリスゴー行きに乗車。約2時間後、ブルーマウンテン山中の小さな駅に停車した。駅名板は、「ZIGZAG」だ。本当に、ジグザグ駅ってあるのだ。ここで、ジグザグ鉄道に乗り換える。隣接するボトムポインツ駅では、蒸気機関車が水蒸気をあげて、出発準備完了。「ポォー！」。勇壮な汽笛一声、蒸気機関車は発車した。

急勾配をグングン上って行く。10分ほど走っただろうか。いったん停車すると、蒸気機関車を先頭から後部に連結し直して、バックで走り出した。私は叫んだ。「スイッチバックだ！」。ジグザグとは、スイッチバックのことだったのだ。

鉄道の始祖に乗車できる

今も現役の馬車鉄道

イギリス　**ダグラス馬車鉄道**

マン島蒸気鉄道。

パッカパカ！　まさに1馬力のダグラス馬車鉄道。

DATA

■鉄道名／ダグラス馬車鉄道
■運行区間／MER（マンクス電気鉄道）ターミナル～ヴィクトリア・ピアの3.2㎞
■所要時間／20分
■その他／MERターミナルには馬車鉄道の車庫があり、2階建てなど歴代の車両が保管されている。馬には「マーク」など名前がある。

ロコモーション号。

鉄道の始祖は「馬車鉄道」である。世界最初の鉄道は、1825年、イギリス人鉄道技師スチーブンソンによって、イギリス中部のストックトン〜ダーリントン間に開業した。その時の蒸気機関車が「ロコモーション号」である。この機関車は旅客列車用に作ったものだったが、もっぱら貨物列車を牽引した。なぜかといえば、当時の人々は、蒸気機関車に恐れをなし、同じ線路上を走る、馬が引っ張る「馬車鉄道」に乗ったからだ。まさに1馬力の機関車というわけ。

マン島は、イングランドとアイルランドとの間、アイリッシュ海に浮かぶ島だが、馬車鉄道や蒸気機関車、それに世界一古い電車が走る、鉄道好きにとって「宝島」のような島だ。

映画『ハリー・ポッター』の世界を体現

ホグワーツ・エクスプレス

イギリス　**ジャコバイト号**

ホグワーツ急行が発車するプラットホーム9¾番線。

映画に登場したグレンフィナン橋を行くジャコバイト号。

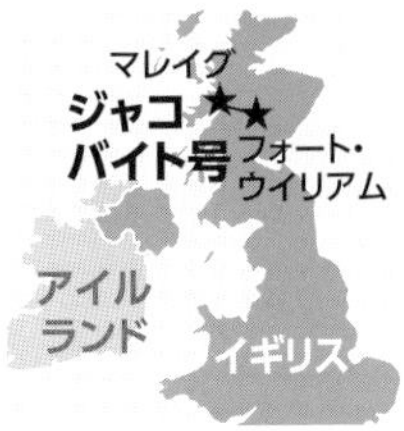

DATA

■**列車名**／ジャコバイト号
■**運行区間**／フォート・ウイリアム〜マレイグの68km
■**所要時間**／2時間5分
■**その他**／ジャコバイト号が走るウエスト・ハイランド線はイギリスでも人気の景勝線。高さ30m、全長380mのグレンフィナン高架橋は世界最古のコンクリート橋。

イギリスを代表する児童文学に「ハリー・ポッター」シリーズがあるが、皆さんは、この小説を読んだり、映画を観たことがあるだろうか。私は、映画『ハリー・ポッターと秘密の部屋』を観た後に、イギリス北部のスコットランドを旅行し、「ジャコバイト号」に乗った際、「あっ！」と声をあげてしまった。

なぜなら、ハリーが通うホグワーツ魔法魔術学校行きの「ホグワーツ・エクスプレス（急行）」に、そっくりだったから。車掌に聞いてみれば、「映画の撮影に使ったのが、このジャコバイト号だよ。もちろん、ハリーも乗ったよ」と教えてくれたのだった。

さらに、「ホグワーツ・エクスプレス」の始発駅は、外観がロンドンのセントパンクラス駅、ホームはキングズクロス駅。終点はヨークシャーのゴースランド駅ということも教えてもらった。そこで私は、キングズクロス駅にある「プラットホーム9と4分の3番線」へ。ハリーのように壁に飛び込もうとしたがダメだった。どうやら、魔力が足りなかったようである。

60年走り続ける
犬の鼻の名物電車

オランダ　**ホンドコップ**

60年前に誕生した初代ホンドコップ。

今も現役、60歳のホンドコップ。

DATA

■列車名／ホンドコップ
■運行区間／アムステルダム～デルフトの68kmなど
■所要時間／約1時間
■その他／ミッフィー・ミュージアム（ディック・ブルーナ・ハウス）もあるオランダ中部のユトレヒトには、鉄道博物館があり、1954年誕生のホンドコップ1号車が展示されている。

チューリップや風車で有名なオランダの、名物電車「ホンドコップ」。車両の先頭部分が動物の顔に似ている気がする。いや、犬のような顔だろう。「ホンドコップ」はオランダ語だが、英語に直すと「ドッグノーズ」。つまり、「犬の鼻」という意味なのだ。

それでは、いつごろ誕生した列車なのだろうか？　１９５４年誕生だから、今年で60歳だ。でも、ちっとも古く感じられない。しかも、現役バリバリで走っている。

日本の鉄道車両はおよそ20年、いや、大都市の通勤電車などは10年で新型にバトンタッチするそうだから、この列車がいかに長寿か分かるだろう。日本と比べるとオランダだけでなく、ヨーロッパの鉄道車両はずっと長寿だ。

ところで、日本の鉄道はオランダに学んだところも多いという。

東京駅はアムステルダム中央駅を参考にし、同じ行き先の列車が毎時同一分に発車するシステムや、毎時ジャスト発車のL特急も、オランダが元祖である。

未電化鉄道も大丈夫

独生まれのディーゼル機関

ドイツ　**ディーゼル機関車とディーゼルカー**

1950年代に誕生したTEE（トランス・ヨーロッパ・エクスプレス）専用ディーゼル特急。

ベルリン〜ウィーン間を結んだディーゼル特急。現在は動態保存中。

DATA

■車両名／ディーゼル機関車とディーゼルカー
■博物館名／DB（ドイツ鉄道）博物館
■所在地／バイエルン州ニュルンベルク、ニュルンベルク中央駅徒歩5分
■その他／ベルリンの技術博物館やミュンヘンのドイツ博物館などにも多数のディーゼル機関車が保存され、一部はいつでも走行できるよう動態保存されている。

１８２５年、イギリスのスチーブンソンによって蒸気機関車による世界初の鉄道が開業した。その後、電気で走る鉄道、つまり電気機関車をドイツ人のジーメンスが発明した。蒸気機関車、電気機関車と来れば、次はディーゼル機関車だ。

ディーゼル・エンジンを発明したのもドイツ人で、名前はルドルフ・ディーゼル。彼は、同じドイツ人のダイムラーがガソリン・エンジンを発明したことに刺激を受け、ガソリン・エンジンでは不可欠なプラグ（点火装置）を必要とせず、なおかつガソリンより値段の安い、重油や軽油を燃料としたディーゼル機関を完成させたのである。その結果、小型自動車こそガソリン・エンジンが多いが、鉄道車両はもちろん、バスやトラック、船舶など、大型の乗り物は、ほとんどがディーゼル・エンジンを採用している。

また電車や電気機関車は、架線など電気設備がないと走行できないが、ディーゼル機関車やディーゼルカーは、架線のない未電化の鉄道も自由自在なのだ。

ナローゲージの動態保存鉄道

道路上を走る蒸気機関車

ドイツ　**メックレンブルク(モリー)鉄道**

スチームに包まれた動輪。

バート・ドーベラン市内は蒸気機関車と車が並んで走る。

DATA

■**鉄道名**／メックレンブルク(モリー)鉄道
■**運行区間**／バート・ドーベラン～キュールングスボルン・ヴェストの約15km
■**所要時間**／約40分
■**その他**／始発駅バート・ドーベランのバートとは温泉のこと。ドイツでも人気の保養地だ。終点のキュールングスボルンは、バルト海に面した海浜保養地。

ドイツは世界でも屈指の工業国だ。自動車ではポルシェやベンツなどの名車を生産し、鉄道では最高時速320㎞で疾駆する超特急ICE(インター・シティ・エクスプレス)を運行している。一方では、鉄道文化及び技術遺産としての蒸気機関車の動態保存にも熱心だ。動態保存とは、列車を動かしながら保存することを意味している。

動態保存鉄道の一つ、ドイツ北部の「メックレンブルク鉄道(通称・モリー鉄道)」を訪ねた。始発駅のバート・ドーベラン駅で、勢いよく煙を噴き上げていたのは、99形蒸気機関車だった。99という数字は、ドイツ鉄道ではナローゲージ(狭軌)を意味している。線路幅900㎜の小型蒸気機関車だ。

発車後、しばらくの間は普通の線路上を走っていたが、バート・ドーベランの市内に入ると、驚いたことに道路を進むではないか。路面電車はもちろん知っていたが、路面蒸気機関車は初めて。ドイツにはユニークな鉄道があるなあ、と大いに感心した。

渡り鳥ルートで海を越える

海峡鉄道連絡船

ドイツ～デンマーク　**EC IC3**

フェーマルン海峡を横断する鉄道連絡船スカンジライン。

フェリーに乗船した列車。船内にもレールがある。

DATA

■**列車名**／EC(ユーロシティ)IC3
■**運行区間**／ハンブルク～コペンハーゲンの353km
■**所要時間**／4時間49分
■**その他**／DSB(デンマーク国鉄)はJR北海道と姉妹鉄道。北欧は家具などインテリアのデザインが優れており、JR北海道の列車にも活かされている。

デンマークは、ユトランド半島と大小480もの島々からなる多島国である。世界でも有数の海運国で、列車をフェリーで運ぶ鉄道連絡船が多数存在した。まるで渡り鳥のように、列車も島伝いに海を越えて行くことから「渡り鳥ルート」と呼ばれ親しまれてきた。けれども近年、海底トンネルや海峡架橋が相次いで完成し、列車がフェリーに乗って海を渡るルートも1カ所のみとなってしまった。ドイツのプットガーデン港と、デンマークのオイベ港間を結ぶ、フェーマルン海峡鉄道連絡船である。

乗車した列車は、ドイツのハンブルク始発、デンマークの首都コペンハーゲン行きの「EC(ユーロシティ)」31列車だった。出発の時点では6両編成だったが、プットガーデン駅に到着すると3両ずつに切り離され、順番にフェリーに乗船する。船の長さが3両分なのだ。列車も、連結、解放がしやすいように連結部分がゴムでできている。フェーマルン海峡は19・5km。フェリーは約45分かけて海峡を横断する。列車の旅なのに、船旅も楽しむことができるのだ。

ボイラーを水平に保つ

前のめりのSL

オーストリア　アーヘンゼー鉄道

機関車は後ろから押し上げるのが登山鉄道のセオリー。

教会を背後に急勾配を上るアーヘンゼー鉄道の蒸気機関車。

DATA

■鉄道名／アーヘンゼー鉄道
■運行区間／イエンバッハ～ゼーシュピッツの6.8km
■所要時間／約45分
■その他／登山鉄道には急勾配を上る様々な方式があるが、アーヘンゼー鉄道では最も歴史のある、リッゲンバッハ式のラックレールを採用している。

首都ウィーンから、インター・シティ（国内特急）に乗って約4時間。チロル地方のイエンバッハ駅に到着した。ホームに降り立った私は嬉しくなってしまった。小型のＳＬ（蒸気機関車）が勢いよく蒸気を噴き上げていたからである。これから私が乗る、「アーヘンゼー鉄道」のＳＬだ。でも、ちょっと変。前のめりに傾いて見える。運転士に理由を聞けば、「ＳＬのボイラーを水平に保つためだよ」と教えてくれた。

さあ、発車。ＳＬは先頭ではなく、後ろから後押しする。急勾配では、万が一、連結器がはずれても大丈夫なように機関車は後部に連結というのが、登山鉄道の安全のセオリーなのだ。

市内を抜けると、目の前に山が現れ、急勾配に差し掛かった。１０００分の１６０、つまり１０００m進む間に１６０m上昇する急勾配だ。カーブに差し掛かると、客車を懸命に後押しするＳＬが見えた。するとどうだろう。ＳＬが水平に見える。運転士が言っていた「ボイラーを水平に保つ」必要があるのは、最も馬力を必要とする急勾配でのことだったのだ。

蒸気機関車を運行し続ける

大井川鐵道の姉妹鉄道

スイス　ブリエンツ・ロートホルン鉄道

姉妹鉄道の15号SLの前に立つ白井昭さん。

間もなく終点のロートホルン・クルム駅に到着。

DATA

■**鉄道名**／ブリエンツ・ロートホルン鉄道
■**運行区間**／ブリエンツ～ブリエンツァー・ロートホルン・クルムの7.6km
■**所要時間**／約55分
■**その他**／白井昭さんは、鉄道技術者として名古屋鉄道のパノラマカーや東京モノレールなどの企画や設計に携わった。大井川鐵道は、日本国内のSL保存のパイオニア。

豊富な雪解け水によって水力発電が盛んな国スイスでは、全国の鉄道路線の99・9%が電化されている。けれども、今後も１００％にはならないといわれている。なぜなら、０・１％に当たるのが、「ブリエンツ・ロートホルン鉄道」なのである。１８９２年の開業より今日まで、ずっと蒸気機関車が走る登山鉄道であり、今後も電化の予定はないという。

でも、私は心配になった。蒸気機関車はどんどん古くなっていく。ずっと走らせることはできるのだろうか？　この鉄道のシモン・コラー社長は言った。「心配はご無用。つい最近、世界でも最新式の蒸気機関車を4両導入しましたから」。その1両が15号機関車「KANAYA号」だ。「かなや」とは、静岡県島田市金谷町のこと。そこには、大井川鐵道の本社や機関区がある。

蒸気機関車がとり持つ縁で、ブリエンツ・ロートホルン鉄道と大井川鐵道は、37年前から姉妹鉄道なのである。姉妹鉄道の縁組みに尽力された方が、当時の大井川鐵道副社長、白井昭さんだった。今も鉄道などの国際交流に熱心だ。

スポーツカー並みの格好良さ

ランチも美味しい超特急

イタリア　**フレッチャロッサ**

シェフが料理を持ってきてくれる。ボナペティート！

ミラノ中央駅を発車するフレッチャロッサ。右はフレッチャビアンカ。

DATA

■**列車名**／超特急「フレッチャロッサ（赤い矢）」
■**運行区間**／ミラノ中央〜ローマ・テルミニの568km
■**所要時間**／2時間50分
■**その他**／終着駅は首都ローマのローマ・テルミニ駅。テルミニとは英語ではターミナル、日本語では終着駅の意。映画『終着駅』の舞台になった駅でもある。

イタリアきっての高速列車が、「フレッチャロッサ」である。フレッチャとはイタリア語で矢、ロッサは赤なので日本語に訳すと「赤い矢号」となる。鮮やかな赤い車体は、スポーツカーを連想させるが、実は、イタリアを代表するスポーツカー「フェラーリ」のデザイナーが、フレッチャロッサのデザインを担当している。道理で、格好いいわけだ。

　始発駅はイタリア最大の商工業都市、ミラノの中央駅。ヨーロッパ最大の呼び声も高い駅だ。最高速度は、日本の新幹線と同じ時速300km。発車してしばらくすると、「食堂車ではランチの準備が整いました。皆さん、どうぞお越しくださいませ」というアナウンスが流れた。そこで私も食堂車へ。驚いたことにもうほとんど満席で、最後の1席が私。大変な人気である。

　ランチのメニューは、前菜が3種類のスパゲッティ、主菜はチキン、ビーフ、フィッシュからの選択。そして食後のデザートのケーキまで。どれもこれも美味しいこと。「フレッチャロッサ」は、食事も美味しい超特急である。

列車ごと船に乗る?

シチリア島へ直通運転

イタリア　**FSメッシーナ海峡鉄道連絡船**

船内に収まった列車。

メッシーナ海峡を行き交う鉄道連絡船。

DATA

■**鉄道名**／FS(イタリア鉄道)メッシーナ海峡鉄道連絡船
■**運行区間**／ヴィラ・サン・ジョバンニ〜メッシーナの約9km
■**所要時間**／約35分
■**その他**／長い編成の列車は3両編成ずつに分けられて連絡船に搭載される。イタリア鉄道の1両の長さは25m強なので、連絡船の全長は75m以上ある。

かつて、青森駅と函館駅を結んでいた青函連絡船や、宇野駅〜高松駅間の宇高連絡船は、鉄道車両を載せて航行する「鉄道連絡船」として知られていた。だが、本州と北海道を結ぶ青函トンネルや、本州と四国を結ぶ瀬戸大橋の開通により1988年に廃止。姿を消して25年以上が経ってしまった。

私は、今でも鉄道連絡船が活躍しているイタリアに向かった。イタリア半島は、長靴のような格好をしていることで有名だが、そのつま先に当たる港が、ヴィラ・サン・ジョバンニ港で、メッシーナ海峡を隔てた対岸が、シチリア島のメッシーナ港である。

二つの港の間は約9kmあるが、海底トンネルも海峡大橋もまだない。そこで、イタリア半島からシチリア島行きの列車は、鉄道連絡船に搭載されてメッシーナ海峡を横断する。船の中にもレールがあるので、列車は直通できるのである。列車に乗ったまま、船に乗って海を渡る気分は、鉄道とは違った揺れ方で不思議な感じがした。列車に乗って船酔いするとは！

時速350kmを目指す

最新型の超特急トレイン

スペイン　**AVE**

ビジネスクラスの座席はレザーシート。

マドリード・アトーチャ駅にて発車を待つAVE350。

DATA

■列車名／AVE（スペイン高速鉄道）
■運行区間／マドリード～バルセロナの621km他
■所要時間／2時間30分
■その他／AVEには専用の改札ゲートがあり、空港のようなX線の手荷物検査を受けなければならない。発車ギリギリに行くと乗り遅れることも。お早めに。

スペインの超特急の名は「AVE（Alta Velocidad Española）」。「スペイン高速鉄道」の頭文字なのだが、スペイン語には「AVE」という単語もあって、大きな鳥を意味している。なるほど、AVEの車体には、羽ばたく鳥のイラストが描かれている。

開業は1992年。セビリア万博開催に合わせ、マドリード～セビリア間（471km）が開通した。どちらかといえば、のんびりとしたお国柄のスペインだったが、AVEは大好評を博し、マドリード～バルセロナ間（621km）、マドリード～バレンシア間（391km）……と、順調に路線網を増やしてきた。

ところでスピードだが、セビリア線こそ当初は最高速度270kmだったが、バルセロナ線、バレンシア線ともに300km。ところが、最新型のAVEの形式名は350。この数字が何を意味するかといえば、最高時速350kmで設計されたことを示しているのだ。近い将来、350km運転も夢ではないようだ。日本の新幹線も負けてはいられない。

森や湖の間を高速で走る

振り子式特急

スウェーデン **SJ2000**

メーラレン湖の鉄橋を快走するSJ2000。

市庁舎の展望台からの眺望。ちょうど、SJ2000が発車するところ。

DATA

■列車名／SJ2000
■運行区間／ストックホルム〜ヨーテボリの455km他
■所要時間／2時間55分
■その他／カーブでも高速で走行できる振り子式列車の技術は、日本、イタリア、スペイン、カナダ、スウェーデンなど、世界でもごくわずかな国の先進技術。

スウェーデンは、ノーベル賞の生みの親でダイナマイトを発明した、アルフレッド・ノーベルが生まれた国。ノーベル賞の授賞式は、首都のストックホルムで行われる。

このストックホルムを起点に、ヨーテボリやマルメなどの国内主要都市や、隣国のノルウェー、デンマークにも足を延ばしているのが、北欧で初めての、そしてスウェーデンきっての高速列車「SJ2000」である。最高速度は時速210km。スウェーデンの国土は湖や沼が数多く、線路もカーブが多いことから、急カーブでもスピードを出すことができる振り子式を採用している。

SJ2000のターミナル、ストックホルム中央駅から徒歩10分ほどのメーラレン湖畔にある建物が、ストックホルム市庁舎だ。ノーベル賞授賞式の後に行われる晩餐会のパーティー会場として有名だが、時計台のある展望台からはストックホルム市内が一望できる。眼下にはストックホルム中央駅を発車し、メーラレン湖の鉄橋を渡るSJ2000も見える。

サンタが待つ?村へ

北極圏行き寝台列車

フィンランド　サンタクロース・エクスプレス

サンタクロースに会える。

雪のラップランドを走るサンタクロース・エクスプレス。

DATA

■列車名／サンタクロース・エクスプレス
■運行区間／ヘルシンキ〜ロバニエミの900㎞
■所要時間／12時間27分
■その他／サンタクロース村は、ロバニエミ駅の北8㎞にある。サンタクロース郵便局もあり、ここで赤いポストに投函するとクリスマスに配達される。

サンタクロースに会える国？　そのヒントは、北欧のフィンランドにありそうだ。なぜなら、「サンタクロース・エクスプレス」という名の寝台列車が走っているから。それでは、さっそく乗ってみよう。始発駅はフィンランドの首都ヘルシンキの中央駅だ。

19時26分、赤い電気機関車を先頭に寝台車や食堂車を連ねた「サンタクロース・エクスプレス」は、ヘルシンキ中央駅を発車した。目指すは北へ900㎞。ラップランドの中心都市ロバニエミだ。所要時間は12時間27分。シャワー付きの快適な個室寝台の一夜が明けると、一面銀世界のロバニエミ駅に到着した。

駅前で待っていたタクシーに乗って、「サンタクロース・ビレッジ」と告げる。ドライバーは「OK！」と言ってタクシーをスタートさせた。やがて道路上に大きな標識が現れた。「アークティック・サークル」と書いてある。ここから「北極圏」という意味だ。タクシーが止まった。そこが、サンタクロース村なのだ。

「サンタさん、メリー・クリスマス！」

鉄道員姿の子供にびっくり

子供が運営する鉄道

ハンガリー　ブダペスト子供鉄道

駅員も車掌も、全員子供たち。

セーチェニ・ヘジュ駅を発車するブダペスト子供鉄道。

DATA

■**鉄道名**／ブダペスト子供鉄道（セーチェニ山子供鉄道）
■**運行区間**／セーチェニ・ヘジュ～ヒューヴェシュヴェルジュの11.2㎞
■**所要時間**／約40分
■**その他**／ブダペスト子供鉄道は1948年、ピオネール（社会主義少年団）活動により設立された。社会主義が崩壊した今も、子供たちによって運営されている。

ハンガリーの首都ブダペストは、市内の中央を南北に流れるドナウ川を挟んで、西岸はブダ地区、東岸はペスト地区に分かれている。両方合わせて「ブダペスト」というわけだが、両者は地形的に大きな違いがある。ペスト地区は平坦で山も坂もないのに、ブダ地区は、ブダの丘に王宮が聳える坂の街。そのため、ブダ地区では古くから王宮に上るケーブルカーと、標高492mのセーチェニ山に上るアプト式登山鉄道が、市民の足として利用されてきた。

首都に登山鉄道があることは珍しいのでさっそく乗りに行った。ブダペスト・ホテル前から、紅白の登山電車に乗って急勾配を上ること約20分。山頂駅に到着。ところがその先に、ディーゼル機関車が停車している。近付いてみれば、鉄道員の制服を着た少年が、「間もなく発車します」と、言うではないか。驚いてしまったが、この鉄道こそ、運転士以外は10歳から14歳の子供たちで運営する「ブダペスト子供鉄道」だったのだ。子供のころから本物の駅員や車掌が経験できるなんて、実にうらやましい。

1年間で最も昼間の短い日
市民のトラムワイス

ラトビア　**リーガ・トラムワイス**

国鉄リーガ駅。午前8時過ぎというのにまだ真っ暗。

雪のリーガ市内を走るチェコ製新型トラムワイス。

DATA

■鉄道名／リーガ・トラムワイス
■運行区間／第45高校〜ドレアなど9路線の182km
■その他／新型電車はチェコのシュコダ社製バリアフリー低床車。乗車券はキオスクなどで事前に購入するのが一般的。車内で購入すると割高になる。

北ヨーロッパは、バルト三国の真ん中に位置する国がラトビアだ。私が、ラトビアの首都リーガに到着したのは、12月16日のこと。ちょうど日曜日とあって、リーガ郊外の「ラトビア民族野外博物館」では、冬至祭が行われていた。冬至とは北半球では太陽の高度が最も低く、昼間が最も短い日のことだが、北へ行けば行くほど昼間が短くなり、北緯66度33分以北の北極圏では、1日中太陽の出ない日があるほど。

さてこの日、私はリーガのホテルで朝7時に目覚めたが、外はまだ真っ暗。けれども、リーガ市民の足、トラムワイス（路面電車）が元気に走っている。私はトラムワイスの撮影に挑戦した。デジタルカメラの感度を、ISO6400まで上げて撮ったのが上の写真。これでも時刻は午前8時30分ごろ。夜のようで幻想的だ。ようやく明るくなったのは9時ごろだったが、午後3時を過ぎるともう暗くなってしまった。昼間が短いと撮影時間も少なくて大変だが、その代わり、夏至（6月22日前後）のころは、夜11時まで明るい白夜の季節になる。

地下105mを走る

世界一深い地下鉄

ロシア　**サンクトペテルブルク・メトロー**

世界一深い地下鉄までエスカレーターで一気に降りる。

地下105mを走る世界一深いサンクトペテルブルク・メトロー。

DATA

■**鉄道名**／サンクトペテルブルク・メトロー
■**運行区間**／1号線デェヴャートキノ～プロスペクト・ヴェチェラーノフの110km他
■**その他**／切符は2種あり、ジェトンと呼ばれる専用コインを購入し自動改札に投入する方法と、メトローカード。カードはタッチせず、かざすだけでOK。

ロシアで最も美しい町の一つに数えられるのが、サンクトペテルブルクである。帝政ロシアの時代には首都で、皇帝の宮殿が建ち並んでいた。現在のエルミタージュ美術館だ。

私は、現在のロシアの首都モスクワから特急「赤い矢号」に乗ってサンクトペテルブルクを目指していた。首都と古都を結ぶ寝台列車だ。モスクワを発った翌朝7時55分にサンクトペテルブルクに到着したのだが、「モスクワ駅」という駅名を見て驚いてしまった。けれども間違いではない。ロシアのターミナル駅では、そこからの行き先を駅名にすることが多いのだ。

モスクワ駅の案内所でエルミタージュ美術館への行き方を聞くと、「メトロー（地下鉄）が便利」とのこと。モスクワ駅前の立派な地下鉄駅、プローシャチ・ヴォススターニャから乗ったのだが、駅の入口からホームまで遠く深いこと。エスカレーターの先が見えないほどだ。それもそのはず、この地下鉄は、地下105mを走る世界一深い地下鉄なのである。ちなみに日本一深いのは、都営地下鉄大江戸線の深さ約42m。

column

世界最長シベリア鉄道

これまでに世界90カ国を訪問し多種多彩な列車に乗ってきた私だが、世界一の究極列車を1本だけあげよといわれたなら、躊躇《ちゅうちょ》せずに「シベリア鉄道ロシア号」と答えることだろう。事実、海外の列車内で乗り合わせた鉄道旅行好きの乗客と意気投合すると、必ず話題になる列車が、「オリエント急行」でも「SHINKANSEN」でもなく、「トランス・サイベリアン･エクスプレス」つまり、シベリア鉄道のことなのだ。私が「2度乗った」と言おうものなら、身を乗り出して「どうだった?」と聞かれる。ワールド･トラベラーにとって、シベリア鉄道は興味津々鉄道というわけだ。そんな時、私はこう答える。「トイレットペーパーだけは忘れずに！」

これは一種のジョークなのだが、私が初めてシベリア鉄道に乗った1993年当時には、乗車1日目にはあったが、それを使い切ってしまうと、以降は終点モスクワまで、補充されることはなかった。モスクワまでは、6泊7日かかる。2日目以降、どうやってしのいだかといえば、日本から持参したポケットティッシュをそれはもう残り枚数を1枚ずつ数えながら、大切に使ったのだ。もちろん現代のシベリア鉄道では、トイレットペーパーがなくなることはないそうだが、日本製とは質が違う。それに紙ナプキンにもなれば、窓拭きにも使える。日本から1～2ロール持参することをお勧めしたい。シベリア鉄道の醍醐味は、来る日も来る日も列車の中。寝ても覚めても列車の中。食事もトイレも列車の中という究極の列車旅行にある。途中下車は事前に旅程として申請した駅以外は許されない。それ以外は乗ったら最後、途中で勝手に下車することはできない。もし間違って降りたとしても、そこはシベリア。生命の保証もない。

いかに鉄道旅行好きといえども、1週間乗り続けると、いい加減降りたくなる。今日は何月何日?　何曜日?　日本を発って何日目?　それらが思い出せなくなるころ、終着駅モスクワ・ヤロスラブリに到着となる。

おわりに

本日は『知識ゼロからの憧れの鉄道入門』にご乗車いただき、まことにありがとうございました。日本一の豪華寝台列車「ななつ星in九州」と、世界の100列車の旅は、いかがだったでしょうか？快適にご乗車いただけましたら、車掌長として望外の喜びです。

本書は、「毎日小学生新聞」に2011年1月4日から2013年3月31日まで連載されました「列車に乗ろうよ！　寛さんの鉄道世界一周」を加筆訂正し、最新情報を盛り込んで一冊にまとめています。「毎日小学生新聞」連載中は、森忠彦編集長、担当の塩路桂子さんに、単行本化に当たっては、ヴュー企画の池上直哉編集長、編集部の山本大輔さん、金丸洋子さんにお世話になりました。この場をお借りして御礼申し上げます。

90カ国の次は、もちろん100カ国です。

世界鉄道旅行の終着駅はまだまだ先です。

『知識ゼロからの憧れの鉄道入門』車掌長　**櫻井 寛**

索引

櫻井 寛（さくらい かん）

1954年、長野県生まれ。昭和鉄道高校を経て、日本大学藝術学部写真学科に進む。卒業後、出版社勤務を経て、90年にフォトジャーナリストとして独立。94年『鉄道世界夢紀行』（トラベルジャーナル）で、第19回交通図書賞を受賞。日本写真家協会、日本旅行作家協会会員。2004年、奈良県の桜井線を残してJR全線完乗。現在、全国の駅弁を制覇中。『宮脇俊三と旅した鉄道風景』（ダイヤモンド社）、『終着駅への旅 JR編』（JTBパブリッシング）、『駅弁ひとり旅』（監修、双葉社）、『ななつ星in九州の旅』（日経BP社）など著書多数。

装幀 石川直美（カメガイ デザイン オフィス）
写真 櫻井 寛
本文デザイン 高橋デザイン事務所（高橋秀哉　高橋芳枝）
協力 三橋さと子
編集協力 ヴュー企画（池上直哉　金丸洋子）
編集 鈴木恵美（幻冬舎）

本書は、「毎日小学生新聞」に2011年１月４日から2013年３月31日まで連載された「列車に乗ろうよ！　寛さんの鉄道世界一周」を再編したものです。一部情報は、取材当時のものです。

知識ゼロからの憧れの鉄道入門

2015年１月10日　第1刷発行

著　者　櫻井寛
発行人　見城徹
編集人　福島広司

発行所　株式会社 幻冬舎
〒151-0051　東京都渋谷区千駄ヶ谷4-9-7
電話　03（5411）6211（編集）　03（5411）6222（営業）
振替00120-8-767643
印刷・製本所　近代美術株式会社

検印廃止

ISBN978-4-344-90290-9 C2095
Printed in Japan
幻冬舎ホームページアドレス　http://www.gentosha.co.jp/
この本に関するご意見・ご感想をメールでお寄せいただく場合は、comment@gentosha.jpまで。